KB129067

춤테라피 이론과 실제

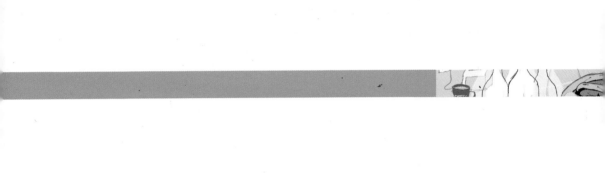

춤테라피 이론과 실제

박선영 · 유경숙 공저

학지사

15년 전, 대전시립무용단 상임단원으로 근무하고 있을 때의 일이다. 어느 날 무용단에 함께 있던 동료들에게 영성춤 Spiritual harmony dance prayer 을 가르쳐 주자, 한 친구가 이런 말을 했다.

"박선배, 나 오늘 춤을 처음 춘 것 같아. 그리고 너무 행복해!"

평생을, 아니 20년이 넘게 춤을 추던 사람이 처음 춤을 춘 것 같고 행복하다니…….

그동안 특정한 동작을 배워 그것을 몸으로 표현하는 것이 춤이고, 관객의 박수 소리에 울고 웃으며 공연하는 것이 내 삶의 행복이라 생각했었다. 그런데 안무나 연습도 없이 그 순간의 자기 마음을 몸의 리듬에 맞춰 움직이고 나서 진정한 춤을 추었다는 그 말이 내게 커다란 도전이 되었다.

그때 마침 춤으로 사람의 마음을 치료한다는 댄스테라피 Dance Therapy 를 알게 되었고, 2년 뒤 직장에서의 더 나은 직책과 새로 분양 받은 아파트, 친구들, 그 모든 것을 다 버리고 무작정 영국으로 가는 비행기에 올랐다.

영국 시티대학교City University London 라반센터Laban Centre에서 춤을 통해 내 몸과 마음을 만나면서 어린 시절 편하지 않았던 아버지와의 관계, 그리고 내 안에 남아 있던 분노와 어색함의 정서를 풀어내고 지금까지의 내 삶을 더욱 잘 이해할 수 있었다. 그 기억과 정서들은 권위가 있거나 힘이 있어 보이는 사람, 예를 들면 남자 선생님이나 어른들과 관계를 오래 갖지 못하거나 불편한 관계로 끝나게 만든 주요 정서였다.

한국에 돌아와 댄스테라피 프로그램을 통해서 나의 기억과 정서를 춤과 몸짓으로 풀어내던 어느 날, 나는 커다란 벽에 부딪혔다. 춤을 통해 과거의 기억을 만나고 정서를 풀어내면서 나를 이해하고 나서도 무언가 모자란 듯한 느낌, 그리고 과거의 이런 기억과 정서가 끝없이 올라오는 것에 지쳐 가고 있을 때 명상을 접하게 되었다.

내 안의 관념과 사고를 버리면서, 정서와 무의식 아래 본래의 나를 만난 순간, 나의 정서와 기억과 무의식을 넘어 본래의 의식과 하나 되는 경험을 하게 되었다.

그런 경험이 춤과 만났을 때, 춤 속에서 온 세상이 하나로 이어지고, 절대 정적과 고요가 찾아온 그 순간, 내 성격과 이름, 과거의 모든 기억과 몸이 우주로 녹아들어, 텅 비워지는 그 순간을 난 아직도 잊지 못한다.

그 후 내 안에 누렇게 고여 있던 슬픔과 외로움은 환희와 열정으로 변하여 나의 삶을 송두리째 바꿔 놓았다.

이런 나의 경험이 춤을 통한 자기치유와 명상을 통합한 춤테라피를 만나게 하였다.

춤테라피는 서양의 댄스테라피를 바탕으로, 참나를 찾는 동양의 전통적인 명상을 접목하여 한국인에게 적용할 수 있게 만든 프로그램이다.

지난 10년 동안 수많은 사람들과 춤테라피 워크숍을 진행하면서, 내가 경험한 것처럼 참여자 또한 억눌렸던 가치관과 사고에서 벗어난 자유의 춤을 추며 자기 현재 상황을 만나고, 내면의 정서를 만나 마음껏 풀어낼 수 있게 하였다. 그리고 그 감정을 있는 그대로 받아들이는 순간의 사랑과 근원의 힘을 느껴 인간 본래의 자연스러움과 살아 있음을 경험하는 치유의 경험도 함께하였다. 이러한 경험은 더 많은 사람들이 춤을 통해 행복한 삶으로 바뀌었으면 좋겠다는 바람으로 이어졌고, 그러한 바람이 이 책을 쓰게 하였다.

이 책은 크게 네 부분을 다루고 있는데, 1부는 춤테라피의 이론, 2부는 춤테라피의 실제에 중점을 두었으며, 3부는 다섯 개 리듬으로의 여행의 구체적인 방법과 소감, 4부는 춤명상을 다루었다.

1부에서는 춤테라피에서 말하는 춤의 의미와 춤테라피의 이론적인 배경을 설명하였고, 2부에서는 춤테라피의 실제, 즉 자신의 몸과 마음을 잘 느끼는 방법, 내면의 정서를 춤으로 풀어내기, 그리고 대인관계를 몸으로 직접 경험하는 방법을 소개하였으며, 특별히 부부의 친밀감을 목표로 하는 춤테라피 프로그램을 소개하였다. 3부에서는 춤테라피의 주요 기법 중 하나인 다섯 개의 리듬에 대한 방법과 참가자들의 소감을 다루었으며, 4부는 춤테라피의 치유과정에서 나타나는 지금 여기의 진정한 존재를 경험하기 위한 수련으로서의 춤명상 이론과 원리, 그리고 목표를 설명하였다.

이 책에서는 때에 따라 심리치료와 심리치유를 번갈아 사용하는데 그 의미는 같다. 몸은 뼈와 근육으로 이루어진 신체body를 말하기보다는 정서와 움직임을 음미하며, 마음은 사고와 인지과정의 의미로 사용하였다. 영혼 혹은 의식이라는 말은 몸과 마음 너머 우리의 깊은 내면에서 우리의 움직임과 사고과정을 포함한 모든 것을 알아차리는 관찰자라는 뜻으로 사용하였다. 댄스테라피라는 용어는 서양의 심리학을 바탕으로 주로 정신 질환을 다루는 심리치료의 한 분야로 정의하였고, 서양의 예술 심리치료에 동양의 영적 전통을 포함하는 춤테라피와는 구분하여 사용하였다. 그러므로 춤테라피는 심리치료의 이론 및 원리, 그리고 접근 방법에서는 댄스테라피에 그 뿌리를 두고 있으며, 거기에 동양의 영적 전통을 포함하였다는 것을 밝힌다.

지난 7년간 나와 춤테라피를 함께해 온 유경숙(사랑)이 없었더라면 이 책이 세상에 나올 수 없었을 것이다. 그리고 원고를 정리하는 데 큰 도움을 준 임은(아하님)과 사진을 정리해 준 나진숙(소리), 지난 10년 동안 1,500여 회의 춤테라피 워크숍을 통해 내가 만났던 수많은 사람들에게 고마움을 전하고 싶다. 내게 영성과 테라피의 세계로 발을 들여놓을 수 있게 해 준 장길섭(아침햇살) 목사님과 나의 춤을 영혼의 춤으로 변화시켜준 가브리엘 로스Gabrielle Roth, 그리고 창원대 김병채 교수님께도 마음으로부터의 깊은 존경과 감사를 보낸다. 또한 나에게 명상 공부를 안내해 주신 문창도 선생님, 몸과 심리치료 분야의 사티야티Satyarthi, 선

상담과 가족세우기로 큰 가르침을 준 스바기토Svagito, 그리고 한국상담
학회 박태수 회장님과 김경순 교수님, 김명권 교수님께도 고마운 마음
이 크다. 특히 춤테라피를 소개하는 이 책이 나올 수 있도록 도와주신
학지사 김진환 사장님과 편집부에 진심으로 감사를 드린다.

저자 대표 박선영

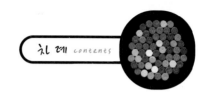

PART 1　춤테라피의 개념

CHAPTER 1

춤테라피

나를 표현하는 춤
테라피

나를 표현하는 춤

춤테라피에서 말하는 춤Dance은 우리가 일반적으로 생각하는 현대 무용이나 한국무용, 스포츠댄스 혹은 라틴댄스 등의 공연 무용이나 댄스와는 다른 개념으로, 댄스나 무용보다 한국어로 춤이라는 말이 더 어울린다고 할 수 있다.

공연으로서의 무용이나 댄스가 다른 사람, 즉 공연을 보는 관람자를 위한 행위라면, 춤테라피에서 말하는 춤은 타인이 아니라 자신을 위해 몸짓으로 자기 느낌이나 감정을 표현하는 움직임과 동작을 말한다. 다시 말하자면 대부분의 사람들이 아름답다고 생각하는 동작 혹은 연습으로 다듬어진 움직임이 아니라, 자신의 내면에서 흘러나오는 자기만의 움직임, 리듬, 소리를 자유롭게 표현하면서 타인에 대한 시선이나 기준을 의식하지 않고, 어색함을 넘어 자신의 마음을 몸으로 진실하게 표현하는 것을 말한다. 그것이 바로 춤테라피에서 말하는 진정한 움직임이며 춤이다.

10년 전 필자가 영국 시티대학교City University London의 라반센터Laban Centre에서 공부를 마치고 한국에 돌아와 춤테라피 프로그램을 통해 사람들을 만나면서, 한국 사람과 영국 사람이 얼마나 다르게 느끼고 표현하는지를 발견하게 되었다. 영국에서는 치료 세션(회기 혹은 어떤 일을 2인 이상 함께하는 기간)이 시작되기 전, 그날의 분위기에 따라 음악이 흘러나오면 대부분의 참여자들이 자연스럽게 어깨를 들썩이거나 팔과 다리를 움직이면서 몸으로 리듬을 타고, 어떤 그룹원들은 자신의 몸 상태에 따라 자유롭게 움직이기 시작한다. 잠시 후 그룹의 안내자가 몇 가지 움직일 수 있는 방법을 이야기하면, 참여자들은 그 방법을 따르거나 자기만의 움직임을 계속한다. 그렇게 준비단계가 끝나면, 서서히 그날의 주제 혹은 그룹원들이 다루고 싶어 하는 문제에 대해서 이야기하고, 그것을 움직임으로 탐색해 가는 것이 일반적인 과정이다.

그런데 한국에서는 준비단계에서 아무런 안내 없이 음악이 흘러나오면, 대부분의 그룹원들이 서로 분위기를 살피거나 어색해한다. 시간이 흐를수록 어찌할 바를 몰라서 어떻게 좀 해 달라는 몸짓으로 그룹의 안내자를 바라보는 사람들이 점점 많아지는데, 이때 프로그램 안내자가 어떻게 하라는 구체적인 안내를 하면 비로소 그룹의 분위기가 안정되는 경우가 많았다.

이러한 차이는 개인을 더 중요하게 생각하는 영국의 사회 문화적 분위기와 달리 자기 자신보다 타인의 시선이나 생각에 더 신경을 쓰는 한국의 분위기에서 비롯되는 것 같다. 물론 요즘 들어서 많이 달라지긴 했지만, 아직도 우리 사회는 자기를 드러내 놓고 표현하는 것을 마치 자기 마음대로 하는 이기주의라고 생각하거나, 아예 그런 사람의 행동을 이상하게 생각하여 지지하고 격려하지 못하는 분위기인 듯하다.

하지만 그런 사회적 분위기와 상황을 모두 인정한다 하더라도, 필자가 진행하는 프로그램에서조차 다른 사람들 앞에서 몸을 움직이거나 춤을 추는 것이 '나와 상관없는 일'이며, '어색함'과 '불편함'을 넘어 '두려움'까지 느낀다고 말하는 사람들이 많았다. 춤을 추거나 몸을 움직여 자신을 표현할 때 어색함과 불편함을 느끼는 가장 큰 이유는, 자신의 감정이나 욕구를 드러내는 것을 지지받지 못하던 사회적인 분위기가 무의식적으로 개인의 마음속에 자리를 잡고 있고, 또한 성장하면서 자신의 생각과 마음을 마음껏 드러내어 표현하는 경험을 해 보지 못했기 때문인 것 같다. 그것은 마치 자전거를 처음 배울 때 누구나 경험하는 것처럼, 어색함과 불안함은 익숙하지 않은 것에 대한 몸과 마음의 반응으로 아주 자연스러운 일이다.

비언어적 의사소통 수단

그렇다면 다른 사람의 시선이 많이 의식되어 어색하다는 것은 이해할 수 있지만, 자기 몸을 움직여 마음을 표현하는 춤을 추면서 불안함과 두려움을 느끼는 사람들은 왜 그런 것일까?

우리는 일상생활에서 언어적인 방법뿐만 아니라 비언어적 방법으로도 끊임없이 자신의 감정을 전달한다. 때때로 이러한 감정과 태도를 나타내는 데 언어보다 비언어적 행위가 더욱 효과적인데, 그것은 비언어적 행위 패턴이 무의식적인 것이라서 사람의 진정한 감정을 그대로 노출시켜 줄 수 있기 때문이다. 그래서 인간 감정의 순수한 극치에서는 언어행위가 오히려 감정전달을 방해할 수가 있다.

비언어적 의사소통nonverbal communication 방법이란 언어에 의한 의사전달 방식이 아닌 몸동작Body movement에 속하는 손짓, 얼굴표정, 눈동자의 움직임이나 눈썹 치켜 올리기, 어깨 으쓱하기, 입술 꼭 다물기, 자세의 변화 등을 비롯해서 목소리의 변화나 웃음, 미소, 하품, 투덜거리기 등 말소리가 아닌nonlanguage sound 것과 피부접촉, 민감도, 옷차림에 이르기까지 비언어적인 것 등 인간의 모든 의사표현 방식을 말한다.

이러한 비언어적 의사소통 방법은 언어적 의사소통을 돕거나 심지어 그 역할을 완전히 대신하기도 하고, 인간의 한정된 언어 능력 이상의 것을 표현하기 위한 고차원적 의사소통 기능을 한다. 또한 비언어적 의사소통은 언어적 의사소통에 비해 그 표현 방법이 훨씬 더 구체적이고 직접적이어서 전달력도 크고, 비언어적 의사소통에는 언어적 메시지의 내용과 관련해서 이를 보충해 주는 정보가 담겨 있다. 그러므로 예를 들어, A라는 사람이 B를 사랑한다면 그 사실을 말하지 않아도, 주변 사람들이 A의 몸동작이나 말소리, 얼굴표정을 유심히 살펴보면 그 사람의 마음을 알 수 있을 것이다. 우리가 여기에서 다루려고 하는 춤이라는 말은 인간의 비언어적 표현 방법인 몸의 동작과 움직임을 말하는 것으로, 다른 사람의 기대나 생각에 맞추는 것이 아니라 자기 내면의 마음을 온몸으로 표현하는 것을 의미한다. 다른 말로 하자면, 내 마음에 슬픔이 느껴지면 슬픔을, 화가 나면 화의 정서를 온몸으로 드러내는 것이다.

표현과 2차 정서

우리는 몸의 감각을 통해 정서를 경험하고 표현한다. 그런데 여기서 유의해야 하는 것이 표현이라는 말이다. 일반적으로 표현이라는 말에 대한 오해가 많이 있는 것 같다. 예를 들어, 사랑하는 사람이 연락을 해 주지 않아서 슬픔 혹은 외로움이 느껴졌다. 그 사람을 향해 자신의 외로 움을 채우기 위해 '난 네가 필요해. 내 옆에 있어 줘.'라며 그 사람의 사 랑을 애원하다가, 만일 그 욕구가 충족되지 않으면 '너 같은 사람 필요 없어. 나에게 이럴 수는 없어.'라며 어느 순간 애원이 분노로 변하게 된 다. 이럴 경우에 보통 애원이나 분노가 자신의 마음을 표현하는 것이라 고 생각하는데, 그것은 그 정서를 있는 그대로 표현하는 것이 아니라 대 부분의 경우 조건화된 반응이며, 상대에게 그런 말이나 행동을 함으로써 자신의 외로움이나 슬픔을 느끼지 못하게 하는 방어기제로 작용하는 것 이다. 만일 정서를 온전히 느끼게 되면 신체적, 심리적으로 힘들다고 생 각하기 때문에, 자신의 슬픔과 외로움을 온전하게 느끼기보다는 그 정서 를 억누르거나 외면하기 위해 타인을 향해 자신의 욕구를 채워 달라고 하는 것이다. 그러면 어떻게 하나의 정서를 온전하게 느낄 수 있는가? 춤테라피에서 정서는 몸과 마음이 서로 연관되어 있다는 것을 전제로 하기 때문에, 하나의 정서를 충분히 느낄 수 있는 자세나 동작을 하는 것 이다. 앞에서 설명한 슬픔 혹은 외로움의 경우에는 그 정서를 온 마음을 다해 몸으로 움직여 표현하는 것이다.

이렇듯 지금 이 순간 자신에게 일어나는 어떤 느낌이나 생각, 상태를 그것이 기쁨이든 슬픔이든 두려움이든 분노이든 상관없이 온몸으로 순수하게 표현하는 것이 바로 진정한 움직임이며, 자유로운 춤을 춘다라고 할 수 있을 것이다.

테라피

테라피therapy라는 말은 일반적으로 심리치유, 치료라는 뜻으로 쓰인다.

만 남

지난 15년 동안 심리치유 영역을 공부하면서 많은 사람들을 만나 왔기에, 필자에게 치유는 자기 자신과 타인 그리고 세상과의 만남을 의미한다. 많은 사람들에게 자신과의 만남이란 어쩌면 한 번도 생각해 보지 못한 것이거나 낯선 생각일 것이다. 그래서 우선은 살면서 매 순간 접하게 되는 타인과의 만남을 생각해 보기로 하자. 어떤 사람을 처음 만나게 되면 대부분의 경우 어색함을 느끼게 되는데, 그 이유는 그 사람에 대해 잘 모르기 때문일 것이다. 이 사람이 내 마음을 열어도 되는 안전한 사람인지, 내가 받아들여질 수 있는지 그리고 어떻게 소통해야 하는지에 대한 무의식적인 마음의 긴장과 그에 따른 몸의 긴장이 생겨나는 것이다. 하지만 그 사람과의 만남을 계속하다 보면 그 사람에 대해 조금씩 더 알아 가게 되고 긴장감도 줄어들게 된다. 예를 들어, 어떤 색깔과 음식을 좋아하고, 어떤 때 힘들어하고 무엇을 두려워하는지, 무슨 말에 기뻐하고 싫어하는지 등등 점차 그 사람에 대해 더 많이 알게 되면 이해의 폭도 넓고 깊어지게 된다. 다시 말하면, 아는 만큼 이해하게 되는 것이다. 그렇게 이해가 깊어지면 그 사람을 사랑하게 되는데, 이해가 깊어진다는 말은 자신의 생각이나 가치관으로 다른 사람을 판단하거나 바라보지 않는다는 것이다. 사랑한다는 말은 자신의 생각이나 가치관으로 다른 사람을 판단하거나 바라보지 않는다는 것, 즉 온 가슴으로 그 사람의 생각과 행동과 그 모든 것을 있는 그대로 받아들이는 것이다. 아마 한 번이라도 사랑에 빠져 본 적이 있는 사람들은 이 말이 무슨 뜻인지 알 것이다.

이런 만남은 타인뿐 아니라 자신에게도 같은 원리가 적용된다. 자기 마음이나 행동을 사회적인 잣대나 가치기준 혹은 내적 조건화로 평가하거나 분석하는 것이 아니라, 있는 그대로의 자기 마음을 이해하며 사랑하는 것, 그것이 진정한 자기와의 만남이라고 할 수 있을 것이다. 이렇게 자기 마음(감정과 생각)을 만나서 표현하고 친해지는 것, 그리고 그것을 통해 자기를 이해하고 사랑하는 것, 내면의 그림자가 빛으로 변하고, 그 빛이 자신을 밝고 환하게 만드는 경험을 하는 것이 바로 필자가 생각하는 심리치유다.

그러므로 춤테라피는 춤을 통해 자기 내면을 이해하고, 자기치유와 성장을 이루는 사랑의 과정이라고 할 수 있다.

CHAPTER [2]

춤과
치유의 역사

이번 장에서는 춤테라피의 중요한 부분인 춤과 치유의 역사를 살펴보려고 한다. 춤이 어떻게 발생하였고, 인류에게 어떤 역할을 하였으며, 현대에 와서 춤을 심리치유에 사용하기 시작한 선구자들의 치유 원리와 방법은 무엇인지 그리고 댄스테라피Dance Therapy 관련 단체와 함께 댄스테라피와 춤테라피의 공통점과 차이점에 대해서도 소개하려고 한다.

춤이란 무엇인가

춤dance은 프랑스어로는 danse, 독일어로는 tanz이며, 고대 독일어 'danson(잡아 늘리다, 잡아당기다)'에서 나온 말로, 인간의 몸을 매체로 육체의 내·외적 행동(정신과 육체의 행동)을 통해 감정·사상·정서 등을 율동적으로 표현하는 예술 활동을 의미한다.

한국에서 무용이라는 용어가 쓰이기 시작한 때는 신무용이 시작된 1920년대 중반부터다. 상고시대·삼국시대에는 가무(歌舞)·악무(樂舞)

와 같이 음악과 무용이 한데 묶여 불리다가 조선 초기에 정재(呈才)라 하여 궁중 춤을 일컫는 용어가 쓰이기도 하였다. 그러나 민간에서는 춤이라는 용어가 더욱 널리 쓰였으며 근대를 지나 1980년대 이후부터는 무용이라는 용어가 일본의 영향을 받은 말이라는 비판과 함께 '춤'이 더욱 널리 쓰이게 되었다.

춤은 크게 추기 위한 것과 보고 감상하기 위한 것으로 나눌 수 있다. 본래 춤은 첫 번째 목적을 위한 것이었다. 고대에는 춤이 보다 절실한 목적을 위한 것이었는데, 주술적 · 종교적 기능을 가지고 생활 전체에 밀접하게 결합되어 있었다. 즉, 탄생, 성년, 연애, 결혼, 질병, 죽음과 관련된 춤이 있었고, 수렵, 파종, 기우, 전쟁 등 생존과 관련된 행사에도 각기 다른 형태의 춤이 있었다. 농작물의 성장을 기원하며 그 앞에서 춤을 추었으며, 겨울에는 약해진 태양의 힘을 회복시키기 위해 태양의 운행을 뜻하는 원을 그려 그 주위를 돌면서 춤을 추었다. 이처럼 춤은 본래 보고 즐기기 위한 것이라기보다는 절박한 생활 행위였다고 할 수 있으며, 시간이 흐르면서 점차 감상하는 춤과 보고 감상하는 춤으로 변하게 되었다.

고대와 중세의 춤

춤은 인류가 시작되면서부터 제례나 의식 속에서 종교와 함께 존재하였다.

원시 사회에서는 언어로 표현될 수 없는 공포, 경외, 숭배가 춤으로 표현되고, 이를 통해 집단적인 공유가 이루어졌다. 치료로 사용되던 종교적 춤의 유형은 춤추는 행위자가 일으키는 엑스터시ecstasy를 말할 수 있는데, 이런 형태는 원시부족에서부터 사용되어 왔다. 이러한 엑스터시는 춤에 의해 유도된 황홀경의 상태에서, 억눌린 감정의 격렬한 발산을 통해 정화의 경험을 갖는 것이다.

또한 신의 노여움을 달래거나 신을 경배하기 위해서 춤을 사용하기도 했는데, 예를 들면 고대 그리스에서는 어떤 형태의 춤을 치료로 생각하였는데, 그 춤이 감정을 강렬하게 방출할 수 있도록 해 주었기 때문이다.

한국의 무속에서도 몸을 서서히 움직이기 시작하여 격렬한 춤을 통해 황홀 상태에 들어간 무당은 관객의 소망과 염원을 대리하여 신에게 빌게 된다. 그런데 무당굿의 치료 효과는 관객의 적극적인 참여와 즉각적인 반응에 의한 상호 행위 속에 이루어진다고 한다. 즉, 관객의 염원이나 소망이 무당에게 전해질 때, 그 바라는 마음에 따라 무당이 신에게 빌어 그 소망을 이루게 될 가능성이 달라진다는 것이다. 이러한 관객의 적극적 참여는 무당으로 하여금 그 염원을 더욱 강하게 빌게 하고, 그 소망에 대한 대답을 얻기 쉽다는 뜻이다.

고대를 지나 중세 시대에는 기독교가 성행하였는데, 기독교 사회는 고대 로마의 도덕적인 타락 및 그것과 함께 유지되던 모든 것을 거부하였다. 또한 남아 있던 무용 및 체육 교육은 종교적인 생활을 위한 훈련의 형태로 나타나게 되어 모든 형태의 놀이와 운동은 부도덕적인 것으로 간주되었고 가치 없는 것으로 여겨졌으며, 기독교 지도자들은 육체 노동 이외에는 어떠한 신체적인 수단을 통해서 몸을 사용하는 것을 반대하게 되었다. 또한 중세 시대에는 신체가 정신에 비하여 항상 낮은 가치를 지녔다고 인정하였으며 신체멸시의 신체관이 지배적이었다고 할 수 있다.

또한 무용에 대한 그리스도 교회의 입장이 한결같지 않았다. 한편에서는 모든 열정과 기쁨의 표현을 거부하는 금욕주의적인 태도와 함께 다른 한편에서는 몇몇 초대 교부들이 이교도들의 무용을 그리스도교 예배에 활용하려 하기도 하였다. 고대의 절기(節期)와 일치하는 그리스도교 절기에는 비록 새 이름과 새 목적을 내세우기는 했지만 유서 깊은 제례무용들이 다시 행해지면서 이전에 신성하게 여겨졌던 무용이 갈수록 세속화되었다. 서유럽 사회는 12세기에 이르러 성직자·귀족·농민의 3계급으로 분화되었는데, 이렇게 계급이 분화됨에 따라서 사교무용이 발달하였다. 기사들이 추었던 남녀 쌍쌍춤은 세련되고 귀족적인 연애관을 표현하였다. 농민들의 원무는 사람들이 원이나 열을 지어 보통 서로 손을 잡고 노래하면서 추었다. 합창 원무는 으레 참가자들의 노래를 반주로 하였지만 기사들의 궁정무용에는 대개 악기 반주가 따랐다.

근대의 춤

르네상스 시대가 도래하면서 이탈리아가 무용 발전의 새로운 중심지가 되었다. 르네상스 시대에 이르러 사회계급은 더욱 복잡하게 뒤섞였고 새로운 출세 기회와 개인적인 부가 중시되었으며 세속적인 즐거움과 인체의 아름다움에 탐닉하는 경향도 더 커졌다. 기념식과 축제가 늘어났으며, 중세의 떠돌이 마술사들이 무용선생으로서 많은 존경과 추종을 받았다. 그들은 귀족계급을 상대로 무용의 스텝, 무용할 때의 자세·태도·예절까지 가르치는 역할을 맡았다.

16세기 말 서양의 중심이 된 잉글랜드 여왕 엘리자베스 1세는 무용을 한층 더 장려했다. 고대에 기원을 둔 연환무(連環舞)와 윤무(輪舞), 원무들로 이루어진 잉글랜드의 컨트리 댄스는 궁정무용에 새로운 활력소를 끊임없이 공급했으며 무용학교가 런던의 도처에서 번창했다. 16세기 말과 17세기 초에 문예부흥을 맞은 스페인도 무용에 매우 중요한 공헌을 했다.

17세기에는 단순함과 자연스러움을 추구하는 예술운동에서 출발했으며 무용의 시대이자 무용을 위한 시대이기도 했다. 미뉴에트는 세련된 동작을 강조하는 이 시대 무용의 상징이었다. 1661년 루이 14세는 13명의 무용선생과 음악가, 작곡가들에게 칙허를 내렸고 이를 계기로 최초의 무용예술원이 창설되었다. 왕립 무용 아카데미는 무용예술의 완벽성을 위한 객관적인 기준을 세우고 무용 훈련의 규칙을 통일시켰으며 무용선생들에게 자격증을 발급했다. 이러한 발전이 이루어지면서 무용은 고도로 숙련된 전문가들의 영역이 되었다. 무용에 관한 책들도 풍부하게 나왔는데, 논문과 교본, 분석서뿐만 아니라 기호로써 무용을 기록하려는 시도도 있었다.

1700년 이후로 발레는 사교무용과 분리되었다. 날이 갈수록 기술적 요구 수준이 높아지고 아마추어가 전문가로 바뀜에 따라 발레는 실내무용에서 공연무용으로 이행되었다. 공연무용으로 바뀌면서 점차 낭송과 노래가 없어지고 발레는 춤과 마임만으로 줄거리를 표현하는 데 주력하게 되었다.

19세기 발레는 자연스러움과 열정, 표현성을 이상으로 삼았다. 프랑스의 무용수이며 안무가이자 교사였던 장 조르주 노베르Jean Georges Noverre, 1727~1810는 당대의 위대한 작곡가들과 함께 신화와 역사에서 빌려 온 주제들을 고도로 극적이고 서술적인 형식으로 안무했다. 유럽과 러시아 각지의 다른 안무가들도 노베르와 보조를 맞추어 발레를 세련되게 만드는 작업을 했다. 1830년대와 1840년대에는 낭만주의 운동의 영향으로 발레 무대에 자연의 정령과 요정들이 숱하게 등장했다. 안무가들은 한층 더 풍부한 표현 수단을 추구했으며 무용수들의 개성적 특질을 부각시키기 위해 애썼다. 처음에 파리에서 발레를 수입한 러시아는 점차 토착적인 요소와 외래적인 요소를 결합시켜 독자적인 표현 기법을 개발해 냈다.

19세기에는 좀 더 가벼운 종류의 다른 무용연희에 커다한 관심이 쏠

렸다. 런던에서는 알함브라 발레와 제국 발레가 유행했는데 이는 대부분 눈요기를 위해 만든 고전 발레였다. 그러나 미국에서는 매우 다양한 종류의 연희가 발달했다. 각양각색의 춤과 연극적 표현을 결합시킨 것으로, 특히 흑인 문화에서 많은 영향을 받았다.

19세기에는 여행이 늘어나고 서로 다른 문화권 사이의 접촉이 잦았다. 이국적으로 보이는 많은 무용 양식들이 서양권에 전파되어 민속무용과 민족무용에 대한 관심을 활발하게 불러일으켰다. 낭만주의 발레를 연기하는 발레리나들은 안무가와 마찬가지로 유럽의 여러 도시들을 순회했다. 무용언어는 지리나 언어의 차이를 뛰어넘어 국제적인 의사전달의 매체가 되었다.

20세기는 믿을 수 없을 정도로 활기찬 무용의 시대였다. 새로운 형식을 그토록 열정적으로 모색하고 개성적인 표현과 더욱 역동적인 생활양식을 그처럼 열광적으로 추구한 적이 없었다. 자연과학과 사회과학의 연구 성과가 급속히 축적되고 사회문제에 대한 인식이 높아 감에 따라 모든 예술은 그러한 변화로부터 깊은 영향을 받았다.

19세기 말 일부 무용가들은 단조로움에서 벗어나기는 했지만 비교적 제한된 표현수단에 의해 불가피하게 전통에 얽매여 있는 발레라는 예술형식 자체의 타당성에 대해 의문을 제기했다. 그들은 표현적인 무대무용의 개념을 근본적으로 변화시키고자 했다.

현대의 춤

　현대의 시작을 알리는 주요 특징으로는 산업화와 여성들의 해방 그리고 문화운동을 포함한 사회적인 지적 운동이 일어난 것 등을 들 수 있다. 발레가 전성기를 누리던 19세기 예술의 경향은, 단순히 대중을 즐겁게 하려는 목적과 방법에 불만을 느낀 예술가들이 자연의 객관적인 사실을 묘사하는 모방에서 벗어나 인간의 심적 세계를 표현하여 인간적인 내면에 충실하려는 움직임으로 예술가의 주관적인 감정을 표현하는 것이었다. 그리하여 아름다움만을 추구하기보다는 인간의 내적 갈등이나 번민 등을 단순화시킨 형태로 감정에 강하게 호소하면서 창작 형식의 자유화를 가져오게 되었다.

　근대의 무용은 지나친 기교를 통한 완벽한 형식미를 추구하고 있었고 무대예술로서의 웅장함을 이상으로 하여 음악이나 미술의 역할이 크게 작용하기도 하였다. 즉, 인간의 개성은 무시되고 신체의 훈련을 강화하여 기하학적인 구성에 적합한 기술을 묘사할 수 있느냐에 따라 무용수의 예술성이 평가되었던 것이다. 이에 반하여 신체의 자유를 주장하고 자연스러운 신체의 움직임을 통하여 인간의 자연성을 표현하고자 하는 운동이 현대에 나타났다.

　현대무용은 발레의 제한된 동작과 테크닉을 위한 엄격한 신체 이입에 반발하여 출발하였다. 현대무용에서는 무의미한 움직임으로 스토리를 엮어 가는 것보다 인간의 감정이나 내적 요인을 자연스러운 활동에 의미를 부여하여 표현하는 데 의의를 두고 있으며, 무용가들이 각자 나름대로의 방법으로 안무하고 독립된 예술로서의 가치를 인정받게 되었다.

이러한 현대무용은 유럽에서 가장 먼저 태동하게 되었는데, 유럽의 영향에서 가장 멀리 떨어진 미국 서부의 샌프란시스코에서 1880년대 발레 슈즈를 벗어 던지고, 자연의 동작을 통한 자기표현을 설파하며 전격적인 국제 활동을 시작한 사람이 바로 이사도라 덩컨Isadora Duncan이다. 그녀는 1990년에 파리에서 맨발로 속이 들여다보이는 헐렁한 의상을 입고 순수한 음악에 맞춰 자유로운 표현주의 동작을 공연함으로써 발레의 전통에 도전하게 된다. 유럽 전역에 걸친 그녀의 성공적인 공연은 개인적인 카리스마의 영향도 있었지만, 그 시대의 문화 대중을 사로잡았던 신선한 감각에 대한 동경도 일조를 하게 되었던 것이다.

이렇듯 20세기 무용의 선구자로 꼽히는 이사도라 덩컨은 신체를 빌려 표현되는 자유를 구사함으로써 열정적이고 광적인 정신세계를 무용이라는 매개체를 통해 소개하였다. 덩컨의 무용은 그 시대의 무용과 사회 인습에 대한 반항심에서 싹터 창작된 것이었다. 그녀는 "세련된 춤이 사라진 나의 춤에서는 위대한 생명의 리듬이 신체라는 도구를 통해 펼쳐지고, 심오한 의식이 우리 삶의 빛으로 연결되는 하나의 채널을 제시해 준다. 이러한 심오한 의식들은 전부 우리 내면에 존재한다."라고 말하였다.

하지만 이러한 공연은 신체 훈련에 대한 법칙 없이 주관적인 표현에 의존하였으므로 즉흥적인 것이 되어 더 발전할 가능성을 잃게 되는데, 이러한 상황에서 무용의 기초 이론과 방법론을 제시하고 이를 체계적으로 정립시킨 인물이 바로 루돌프 폰 라반Rudolf von Laban, 1879~1958이다. 그는 중앙유럽무용으로도 불리는 20세기 독일무용의 개척자이며 근대무용의 아버지라고 불리는데, 헝가리 태생으로 독일에서 무용을 가르치다 나치 점령 후 영국으로 이주하였다. 라반의 영향력은 전 유럽 및 미국 무용계에서도 인정되었으며, 그가 창안한 무용표기법, 즉 라바노테이션 Labanotation은 지금도 널리 사용되고 있다. 라반은 음악에서 성악이 소프라노, 알토, 테너, 바리톤으로 규정되듯이 같은 방식으로 무용수들을 구분하기 위해 무용을 위한 분석을 정밀하게 하였으며, 춤에 있어서도 단순히 동작이 아닌 철학적인 면에 역점을 두었다.

인상주의 또는 표현주의라고 불리는 독일무용이 1920년대 와서 미국 무용가들 사이에 파급되기 시작했으나 무용으로서 일정한 형식을 갖추지는 못했는데, 비그만식 스타일로 인정받은 교사들이 미국에 건너온 후에야 비로소 대중들에게 인식되기 시작했다. 특히 마리 비그만Mary Wigman은 형식적인 무용 구조에 반발하여 현대무용에 필수적인 개인의 표현과 반란을 잘 표현해 주었는데, 이러한 작품은 주관적인 감정에 의한 내적인 춤을 보여 주는 좋은 예라고 할 수 있다.

한편, 미국 무용가들은 과학적이며 훈련된 체제보다 오히려 자유스러운 기량을 추구했다. 20세기에 들어와 미국이 개발하고 발달시킨 현대무용은 현시대를 반영하는 새로운 무용이라 하여 현대무용이라 불리게 되었다. 현대무용은 무용수 개개인의 정신세계로부터 탄생된 것으로,

무용가는 이미 알려졌거나 소개된 무용 스타일을 따르지 않는다. 이러한 미국의 위대한 현대무용가들은 초기에는 개인적으로 활동하다가 1914년에 이르러 처음으로 무용학교를 설립하였다. 미국 무용가 루스 데니스Ruth Denis와 테드 숀Ted Shawn이 발족시킨 데니숀 무용학교Denishawn School of Dance는 무용단으로서 두 가지 역할을 하며 1932년까지 존속했다. 미국 현대무용 영역에서 그 첫 번째 역할은 얽매이지 않는 교육과정으로 참여자들에게 원시시대를 회상시켰고, 음악의 시각표상을 대담하게 시도하였다. 두 번째 역할로는 동양무용을 소개함으로써 지리적·역사적 한계를 넘었으며, 남·북아메리카 대륙, 고대 희랍, 인도, 일본 등지의 무용에 대한 뛰어난 재질을 보여 주었다. 이 데니숀 무용학교는 마사 그레이엄Martha Graham과 도리스 험프리Doris Humphrey에게 영향을 미쳤고, 이 두 사람은 훗날 댄스테라피의 주요 창시자인 마리안 체이스Marian Chace, 1896~1970에게 영감을 불어넣어 주었다. 마사 그레이엄의 특징은 호흡의 자연적인 리듬이 주요 원칙이 되어 집중과 이완의 방법으로 표현하는 것이었고, 도리스 험프리는 전통 발레의 가상적인 환상보다는 장중함에 더 관심을 가졌으며, 인간의 갈등을 표현하기 위해 일어서고 넘어지는 동작, 균형과 불균형의 방법을 사용하였다.

춤과 치유

신체 동작, 특히 춤이 카타르시스를 일으키며, 치료의 수단으로 사용된 것은 춤의 역사만큼이나 오래되었다. 물론 춤 자체에 치유의 힘이 있다는 것은 인류의 오랜 역사가 증명해 주고 있기 때문에 다시 언급할 필요는 없을 것 같다. 특히 최근의 여러 연구에서는 한국의 민속춤, 그중에서도 무당춤이 그와 함께하는 마을의 주민들에게 심리치유를 불러일으킬 수 있다고 밝히고 있다. 미국의 댄스테라피스트Dance Therapist 레비Levy는 "춤은 개인이 자기를 표현하고, 자신의 감정을 타인에게 전달하며, 자연과 교감하는 수단이 되었으며, 무용의식은 개인과 사회의 통합뿐 아니라 개인적 통합을 촉진하는 역할을 하였다."라고 하였다.

1930~1940년대에 심리학 분야의 정신분석학자들이 언어를 통해 무의식의 표현을 시도하였을 때, 무용수들은 신체 동작을 무의식의 표현수단으로 사용하기 시작하였는데, 이러한 시대적 환경을 배경으로 1940년대 댄스테라피가 시작되었다. 이 시기의 댄스테라피는 주로 병원에 입원한 정신분열증 환자를 대상으로 정신병원에서 이루어졌다. 특히 제2차 세계대전 이후, 시대적 요청으로 인해 비언어적인 의사소통 수단인 움직임과 춤을 심리치료에 적용하여 그 효과를 보게 되었다. 댄스테라피스트들은 춤을 통해 마음과 신체의 관계를 발견하였으며, 정신분석학자들의 이론을 가지고 환자들과의 신체활동을 통해 치료사와 환자 간의 관

계를 발전시키며, 더 나아가 환자의 대인관계를 증진하는 문제로까지 발전시켜 나갔다.

현재 댄스테라피는 통증클리닉에도 적용될 만큼 그 영역이 확장되어 가고 있는데, 그와 함께 일반인의 심리적 통합과 의식 성장에도 많은 역할을 하고 있다.

댄스테라피의 선구자들

댄스테라피의 선구자 하면, 보통 마리안 체이스, 트루디 슈프, 메리 화이트하우스를 말하는데, 이들은 각기 서로 다른 이론적인 배경과 치유 방법을 사용하였다.

마리안 체이스 (1896~1970)

로드 아일랜드Rhode Island에서 태어난 마리안 체이스Marian Chace는 20세에 미술학교에 진학하였는데, 다이빙 사고로 등과 허리를 다쳐서 그림을 그릴 수 없을 정도로 고통을 받았다. 담당의사는 그녀의 등과 허리의 힘을 기르게 하기 위해 무용을 권유하였고, 그 후 미술과는 다른 창작예술인 무용에 전념하였으며 이것이 그녀에게는 '의사소통의 진정한 의미'가 되었다. 체이스는 20대 후반에 뉴욕의 데니숀 무용학교에 진학하기로 결정하였는데, 여기서 그녀는 앞에서 언급한 두 명의 뛰어난 현대무용의 개척자인 마사 그레이엄과 도리스 험프리에게 영향을 받게 되었다. 이후 마리안 체이스는 데니숀 무용학교에서 교사와 안무가로 함께 연구를 했는데 1920~1940년 초까지는 현대무용을 가르쳤다.

그녀는 인격이 여러 관계를 통해 형성된다고 강조한 설리번Sullivan의 정신의학 사상에 영향을 받았으며, 춤의 상호작용 측면을 치료적으로 사용하기 시작하였다.

1924년 성 엘리자베스 병원에서 '의사소통을 위한 춤'이라는 프로그램으로 자원봉사를 시작하게 되었는데, 춤은 의사소통이며 집단 내의 리드미컬한 움직임 체험이 신체 의식이나 대인관계에 영향을 주고 정신적인 면에서 치료에 효과를 준다고 하였다.

또한 1946년부터는 정신치료 시설의 하나인 체스넛 로지Chestnut Lodge에서 25년간 댄스테라피스트로 근무했는데, 이곳은 라이히만Reichman이 정신병 환자들과 함께 전통적인 심리분석 실습을 연구하면서 혁신적으로 정신치료 작업을 발전시켜 나가고 있었던 곳이기도 하였다.

1960년대 초에는 뉴욕의 음악학교에서 댄스테라피스트를 위한 최초의 프로그램을 만들었고, 1966년 미국 댄스테라피협회를 조직하여 초대 회장을 역임하게 된다.

트루디 슈프(1904~1999)

스위스 취리히에서 활동하다가 후에 미국으로 건너가 교육과 치유작업을 하던 트루디 슈프Trudi Schoop는 세계적으로 유명한 무용수이자 팬터마임 예술가로서 인간의 표현에 대한 깊은 이해력과 훌륭한 유머감각을 정신치료 병동에서 활용하였다. 1930년대 스위스 취리히대학 정신과 병원의 주임교수인 브로이에르Eugen Bleuler, 1857~1939는 무용가이며 연극인이고 팬터마임을 하던 트루디 슈프에게 환자들을 위해 무용해 줄 것을 요청하였다. 트루디 슈프는 이러한 개인적인 경험을 바탕으로, 몇 년 후 케르뮤셀이 운영하는 병원에서 집단치료와 개인치료를 하게 된다. 케르뮤셀은 트루디의 팬터마임 공연을 보면서 인간행동의 본능적인 파악이 어떻게 정신치료에 이용되는지 알아보고, 이러한 치료의 새로운 길을 찾기 위해 트루디를 불러 간단한 인터뷰를 하고 나서, 병원 환자들의 심리치료를 맡긴다.

트루디는 이곳에서 개인치료의 첫 번째 내담자인 마리Mary라는 신체 건강한 흑인을 만나게 된다. 트루디는 매일 일정한 시간 동안 마리의 곁에서 보조를 맞추며 똑같이 걷고 움직였다. 2주가 지난 후 마리의 움직임에 트루디가 다른 반응을 하기 시작했을 때, 마리가 손을 뻗어 잠깐 동안이었지만 트루디의 손을 잡았다. 이런 한 달간의 움직임 소통을 통해, 거의 말도 없이 늘 분노에 찬 움직임을 하던 마리는 트루디에게 자신의 세계를 열고 가슴을 내어 주게 된다. 늘 혼자만의 자기 세계에 갇혀 있던 마리는 어느 날 깊은 눈으로 트루디를 바라보았는데, 이 순간을 트루디는 이렇게 말하고 있다.

이 순간 나는 그녀가 나의 존재를 감지했을 뿐만 아니라 수용하고 있다는 사실을 알게 되었다. 그녀는 내게 이렇게 말하려고 하는 것 같았다. '내가 너를 알게 되어 좋아. 너는 나와 같이 움직여야 해. 계단을 위로 올라가고 내려가……, 계단을 위로 올라가고 내려가고.'

마리와의 이런 침묵의 동의를 통해서 나는 마리의 행동에 변화를 주는 움직임을 할 수 있게 되었다. 그것은 바로 가장 느리게 조용히 멈추기, 입을 꼭 다물고 뒤로 걷기였다.

어느 날 마리의 동작을 따라 하기도 하고 바꾸기도 하던 나는 마리가 여전히 말없이 더 이상 다가오지 않았을 때 그 침묵을 참기가 어려워서 이렇게 말했다. "마리 너는, 아니 나는 무척 외로워……." 그때 갑자기 마리의 갈색 눈이 커지더니 오랫동안 잠겨 있던 거친 목소리가 기적같이 나에게 열렸다. "외롭다고 트루디?" 그리고 그녀는 울기 시작했다. 나는 팔에 소름이 끼치는 것을 느끼면서 마리를 안았고, 마리의 눈에는 미소가 피어나기 시작했다.

이것은 움직임을 통한 무의식적인 의사소통과 개입에 의한 한 달의 작업으로 다른 사람이 비로소 마리의 세계로 들어가게 되는 경험을 보여 주는 아주 아름다운 이야기다. 그 후 마리는 집단에 참여하게 되었다. 집단에서의 작업은 참여자들이 서로에게 자극이 되고 그에 따라 반응하는데, 이런 집단 작업을 하면서 삶의 상황이 표현되고 소속감과 책임감을 배우게 된다. 더 중요한 것은 타인을 통해 자신만이 그 문제를 혼자 겪고 있는 게 아니라는 사실을 깨닫게 되는 것이다. 혼자만의 고치에서 벗어나 성장으로 발을 떼는 것이다.

메리 화이트하우스 (1911~1979)

또 한 사람의 댄스테라피스트인 메리 화이트하우스_{Mary Whitehouse}는 미국 서부 해안에서 활동하면서 정상적인 신경증을 앓고 있는 사람들, 즉 기능적으로 문제가 없는 사람들과의 개인치료와 집단치료를 했는데 주로 무의식적인 것을 드러내는 데 주안점을 두었다. 1950년대 작업을 시작했던 그녀는 어느 날 마리안 체이스의 댄스테라피에 대한 기사를 읽게 되는데, 이 기사를 통해 이러한 작업을 하는 사람이 그녀 혼자가 아니라는 것과 다른 사람들도 무용으로 사람들이 새로운 수준으로 다가가는 일을 하고 있다는 것을 처음 깨닫게 되었다. 화이트하우스는 자신의 스튜디오에서 무용을 배우는 제자들과 주로 작업을 하였다. 제자들과 작업을 할 때는 무의식적인 것을 드러내는 것에 가장 큰 주안점을 두었지만, 병원에서는 내담자들의 허약한 에고_{ego} 구조 때문에 감정적인 지지와 좀 더 구조화된 형태의 표면적인 움직임을 강조하였다.

화이트하우스의 작업에 영향을 준 두 가지 영역은 현대무용과 분석심리학이었다. 첫째로 독일의 마리 비그만 스쿨_{Mary Wigman School}의 현대무용 수업에서는 사람들의 움직임에서 창조성을 가치 있게 여기는 것을 배우게 된다. 또 다른 하나는 융학파의 분석심리학을 공부하면서 얻은 자신의 개인적인 경험으로, 지속적인 자기 분석을 통해 자신에 대한 새로운 이해와 세상을 보는 다른 시각을 갖게 되었으며, 인간의 외적인 요소와 내적인 요소를 통합할 수 있다는 생각을 하게 되었다. 그녀의 개인 세션, 집단세션, 강의, 주말 워크숍, 장기 세션은 제각기 다른 특성을 갖고 있었는데, 그것은 서로의 에너지가 상황에 따라 전혀 다른 분위기를 형성하기 때문이었다.

비그만의 작업과 융의 분석심리학을 만난 화이트하우스는 댄스테라피의 독특한 이론과 실제적인 접근 방법을 발전시켰다.

설리번의 정신의학을 이론적 기반으로 하여 언어적으로 상호작용이 어려운 사람들의 의사소통과 감정의 표현, 직접적인 대화의 도구로서 춤을 사용하는 방법을 남긴 마리안 체이스, 인간의 표현에 대한 깊은 이해와 유머감각을 통해 고치에 갇힌 사람들의 마음에 들어간 트루디 슈프, 융의 분석심리학을 바탕으로 인간의 무의식을 탐색한 메리 화이트하우스 외에도 알마 호킨스Alma Hawkins와 블랑슈 에반Blanche Evan 등을 댄스테라피의 선구자들이라고 할 수 있다.

댄스테라피 관련 단체

트루디 슈프와 같은 여러 댄스테라피스트들의 활동이 배경이 되어 1966년 드디어 미국 전역에 흩어져서 댄스테라피를 하던 치료사들이 미국댄스테라피협회American Dance Therapy Association: ADTA라는 단체를 만들게 된다. 그 후 ADTA는 미국을 비롯한 세계의 많은 대학에 댄스테라피학과

를 만드는 데 큰 공헌을 하였다. 현재 미국에는 뉴잉글랜드 안티옥_{Antioch}
대학을 비롯한 11개의 대학에 댄스테라피와 관련된 석사 과정이 개설되
어 있으며, 10개 대학의 학사 과정, 6개의 연구소에서 댄스테라피 과정
을 열고 있다. 세계적으로는 18개의 연구소 및 학교에서 교육과정이 운
영되고 있다. 우리나라에는 2000년 한국 무용/동작 심리치료학회가 문
을 열었으며, 2001년에는 서울여자대학교 특수치료전문대학원의 표현
예술치료학과 무용치료전공을 시작으로 원광대학교 동서보완의학대학
원 예술치료학과 무용연극치료전공을 비롯, 석 · 박사 과정을 개설한 학
교가 생겨나기 시작하였다.

　　2005년에는 서양의 댄스테라피를 기초로 기존의 무용/동작 치료의
영역에 춤의 치유와 영성을 추가한 한국춤테라피학회가 발족하여 교육
과정을 개설하고 춤 · 동작치료사를 양성하고 있다. 춤 · 동작치료사들
의 활동 영역으로는 복지관, 학교 현장 및 기업체 등이 있으며, 특별히
학교 현장에서는 자기표현과 행복한 대인관계 그리고 창의력을 높이는
데 초점을 두고 있으며, 일반 성인을 대상으로는 내면 탐구와 심리적 문
제해결 및 자기의 삶을 더욱 잘 이해하는 심리치유와 영적 여행을 안내
하고 있다.

CHAPTER [3]

춤테라피의
이론과 원리

움직임 및 동작의 과학적인 연구

댄스테라피에 영향을 준 이론가들

춤테라피의 기본 원리

춤테라피의 목적

움직임 분석

신체의 심리적 의미

창의적 무용활동과 춤테라피의 차이점

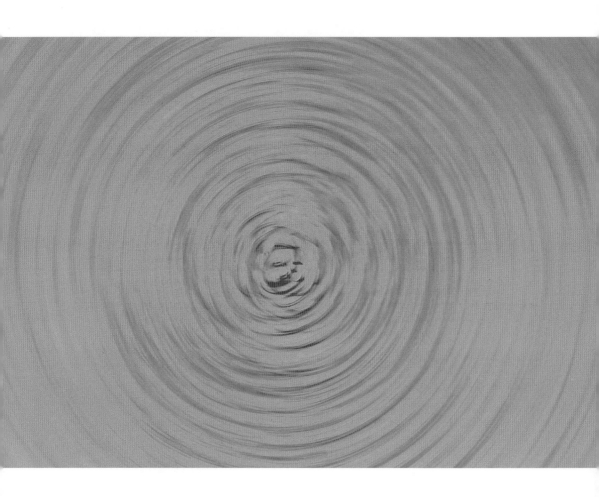

19세기 후반에 이르러 움직임과 마음의 연관성이 과학적으로 연구되기 시작하였는데, 이러한 연구는 댄스테라피Dance Therapy의 발달에 커다란 영향을 주게 되었다. 이번 3장에서는 댄스테라피의 발달에 영향을 준 이론가와 함께 댄스테라피의 원리 및 목적, 창의적인 무용활동과 댄스테라피의 차이에 대해 알아보고자 한다.

움직임 및 동작의 과학적인 연구

　동작의 과학적인 연구는 19세기 후반, 얼굴과 신체의 표현에 관한 기원과 역할을 조사하던 '진화론'의 창시자 찰스 다윈Charles Darwin이 1872년 『인간과 동물의 감정 표현The Expression of the Emotion in Man and Animals』이라는 책을 발간하면서 시작되었다. 다윈은 런던 수용소의 의사들에게 정신병 환자들의 얼굴표정과 신체 동작에 관한 견해를 보내 달라고 요구하기도 하였는데, 이런 과정을 통해 환자의 몸 형태와 환자들이 날카로운 상태에 있을 때 행하는 동작들을 바라보면서 정신병의 초기 진단에 대한 경향을 찾아내게 된다.

1900년에서 1950년대까지는 정신의학과 심리분석에 있어 새로운 발전이 이루어졌는데, 특히 비언어적인 개념에 대한 관심이 끊임없이 계속되었다. 특히 스위스의 오이겐 블로일러Eugen Bleuler, 프랑스의 장 마르탱 샤르코Jean-Martin Charcot, 영국의 헨리 모슬리Henry Maudsley는 환자들의 기묘한 동작, 주먹 모양, 제스처 등을 세심하게 관찰하여 질병의 과정을 예측하는 진단 기준을 세울 수 있게 되었으며, 이후 조증, 우울증, 히스테리와 같은 병과 정신분열증을 차별화할 수 있게 된다.

그리고 1930년대와 1940년대 정신분석학자들이 언어를 통한 무의식의 표현을 시도하고 있을 때, 무용수들은 신체 동작을 무의식의 표현 수단으로 사용하기 시작하였다. 즉, 춤을 통한 자기표현을 심리치료적 입장에서 바라보는 댄스테라피를 위한 환경이 무르익게 된 것이다.

댄스테라피에 영향을 준 이론가들

20세기에 들어서면서 신체/동작과 마음과의 관계가 과학적으로 연구되면서 정신의학자들의 감정과 신체 표현에 대한 관심도 높아지게 된다. 특히 프로이트Freud, 융Jung, 아들러Adler, 설리번Sullivan과 같은 정신의학자들은 신체 표현 및 감정에 대한 연구와 비슷한 시기에 생겨났던 심리분석으로 춤 및 동작치료에 영향을 준 중요한 인물들이다.

지그문트 프로이트(1856~1839)

오스트리아의 신경학자이며 정신분석학의 창시자인 지그문트 프로이트Sigmund Freud는 인성발달의 실제적 이론을 처음 제안하였다. 프로이트의 발달이론은 정신장애를 지닌 성인의 관찰에 그 기초를 두었는데, 프로이트는 인간의 본능id, 자아ego, 초자아super-ego 사이에서 발달되는 갈등으로부터 본능적 충동libido의 결과를 성인의 행동으로 설명하였다. 아동의 흥미는 각각의 특별한 신체부위에 집중된다고 하였으며, 정신적, 성적 단계의 연속으로 아동의 발달을 설명하였다.

칼 구스타프 융(1875~1961)

융의 분석심리이론은 프로이트의 정신분석이론과 인간관, 성격의 변화가능성, 무의식, 정신 병리에 대한 관점에 있어서 커다란 차이를 보이고 있다. 칼 구스타프 융Carl Gustav Jung은 인간에게 창조적이고 긍정적인 측면이 존재한다고 강조하였으며, 정신에너지를 리비도libido라 표현하면서 성뿐만 아니라 다른 삶의 에너지를 포함한 일반적인 생활 에너지라 보았다.

또한 성격발달이 전 생애에 걸쳐 이루어지며 타고난 정신적 소인은 생활 속에서 후천적으로 변할 수 있고, 미래의 목표와 열망에 의해서도 형성된다고 보았다. 융은 개인 수준과 집단 수준의 무의식이 존재한다고 보고 있으며, 정신 병리는 개인에게 정신의 전체성을 확보하는 동기로 작용하며, 병리의 의미 발견이 치료에 중요하다고 보았다.

알프레트 아들러(1870~1937)

알프레트 아들러Alfred Adler는 성격이론과 심리치료 이론체계인 개인심리학을 개발하였다. 그는 인간을 그 자신의 현상학적인 공간 안에서 가공적 목표를 향해 움직이는 창조적이고, 책임이 있으며, '형성되어 가는' 총체적인 존재로 보았다.

그는 어린 시절 죽을 고비를 넘기기도 하고, 또 동생의 죽음을 겪으면서 죽음과 삶의 문제에 대해 생각하게 되었고, 이에 훗날 의사가 되기로 결심하였다고 한다. 아들러는 형을 질투하였고 형제 간에 긴장감을 가지고 있었는데, 이러한 가족 경험이 자신의 이론을 형성하는 데 영향을 미치게 된다. 그는 1895년 의사가 된 후, 환자의 병을 하나의 증상으로 생각하지 않고, 늘 인격 전체로 이해하려고 노력하였다.

정신적 과정과 신체적 과정 사이의 깊은 연관성을 이해하게 되면서, 후에 아들러는 신경학으로 전향, 정신의학 전문의가 되었다.

해리 스택 설리번(1892~1949)

또 다른 이론가로는 프로이트와 아들러의 사상을 정신분열증 치료에 첨가하려 했던 미국의 정신의학자 해리 스택 설리번Harry Stack Sullivan을 들 수 있는데, 그는 라이히만과 함께 정신역학, 정신의학운동의 창시자이기도 하다. 그는 1920년대에 정신분열 환자의 연구로부터 폭넓게 끌어낸 통찰들을 바탕으로 대인관계 정신분석을 발전시켰다. 설리번은 대인관계와 의사소통의 중요성을 강조하는 인간발달에 관한 사회적-정신의학 이론을 제안하였으며, 성격발달과 문화 간의 상호작용이라는 상호적 요소를 강조하였다.

그는 성격의 내적 구성요소에 대해 직접적으로 관찰될 수 없고 단지 현실적으로 또는 환상 속에서 일어날지도 모르는 대인 간 상호작용을 통해서만 관찰될 수 있다고 주장하였는데, 이는 인간발달을 이루는 주요 힘을 인간 경험의 사회적 맥락에 두고 있는 발달이론에서 근거하였다. 인간발달의 사회적 요소는 유아기의 대인관계라는 기본 상태에서 출발하며 성인기를 통해서도 그 세력이 약해지지 않은 상태로 지속된다고 보고 있으며, 이러한 대인관계는 정상적 인간발달에 있어서 필수적 구성 요소라고 보는 것이다.

마리안 체이스는 정신분열증 환자와 솔직하고 직접적인 접촉을 하고 환자들의 기묘한 행위를 의사소통의 가치 있는 형태로 이해하려고 시도하면서 설리번의 사상을 자기 작업의 이론적 뒷받침으로 응용하게 된다.

춤테라피의 기본 원리

진정으로 무언가를 알려면 그것을 완전히 살아야만 한다.
온몸으로 살아야 한다. 몸이 배울 때, 당신의 가슴 또한 그것을 배운다.
ㅡ체아 헤타카

여기서는 전통적인 댄스테라피에 영성을 추가한 춤테라피의 기본적인 원리를 설명하고자 한다. 이제부터는 댄스테라피 대신에 춤테라피라는 용어로 통일해서 사용할 것이다.

신체와 정신의 상호작용

신체와 정신은 끊임없는 상호작용을 하고 있다는 것이다.

인간이라는 존재는 몸과 마음과 감정 세 가지 측면으로 되어 있는데, 이 세 가지 사이에는 상호 의존적 관계가 있다. 그리고 그것들은 쉽게 무너질 수 있는 매우 민감한 평형상태로 이루어져 있는데, 만일 하나가 불균형을 이루면 나머지 두 가지에도 영향을 미쳐 전체적인 조화를 잃게된다. 그러므로 인간의 행위에 영향을 미치는 어떤 동작을 하게 되면 감정이나 느낌, 생각도 변하게 되는 것이다.

기분이 우울할 때, 운동이나 산책, 가벼운 동작의 움직임으로 감정이 바뀌는 경험을 해 보거나, 혹은 주먹을 쥐고 허공을 때릴 때, 호흡이 빨라지고 자기도 모르게 화가 일어나는 것을 느껴 본 적이 있을 것이다.

춤테라피스트는 이런 원리 때문에 내담자들이 하는 동작과 그 동작에 의해 연상되거나 드러나는 언어를 결합할 수 있도록 격려한다.

두려움이 몸을 오그라들게 만든다. 더욱더 작게 작게……, 왼팔이 축 늘어져서 움직일 수 없는 상태임을 느낀다. 오른팔은 조급함을 느끼며, 떠받들고, 잡아당기며, 때리고……, 어떻게 해서든 왼팔이 움직이도록 종용한다.

오른팔의 강요에 끌려오던 왼팔이 반항하기 시작한다. 처음에는 왼팔이 가만두라는 말을 하고 싶은 것처럼 투정을 부리듯 움직이더니, 점차 온몸으로 분노를 뿜어낸다.

나의 여성적인 측면들로 쉬고 싶고, 그만하고 싶고, 느리게 천천히 내 몸의 속도를 따라가고 싶어 하는 내면의 소리를 무시하고, 혹시나 완전히 자포자기 하게 될지도 모른다는 두려움 때문에 위협하고, 훈계하고, 강요하면서 강하게, 완벽하게, 빨리 달려왔던 삶의 모습을 왼팔과 오른팔의 움직임을 통해서 이야기하고 있음을 느낄 수 있다.

왼팔을 끌어안고, 아기 같고, 온순하고, 부드럽고 그래서 나약하다고 생각했던 나의 일부를 쓰다듬는다. "미안해." "정말 미안해." 울음이 나온다. 이렇게 이해받길 원했던 나를 모른 척하고 살아온 내가 불쌍해서……, 한참을 어루만지고 쓰다듬고 흔들어 준다. 왼팔이 스스로 움직이고 싶어 할 때까지 기다린다. 오래 기다리지 않았는데 왼팔이 스스로 움직인다.

처음에는 오른팔이 왼팔을 지지하면서 같이 움직였지만 이내 스스로 움직일 힘이 있음을 느낄 수 있다. 앉아서 오른팔과 왼팔의 조화로운 움직임이 있었고, 곧 일어설 수 있는 힘을 느끼면서 일어나서 춤을 춘다. 몸의 무게가 느꺼지지 않는다.

마치 트램펄린 위에서 뛰는 것처럼 가볍게 제자리 뛰기를 한다.

무척이나 오래 뛴 것 같은데 힘이 들지 않는다.

위의 글은 춤테라피 세션을 경험하면서 나타난 신체와 정신의 상호 작용의 원리를 잘 보여 준다. 내담자가 서로 다른 왼팔과 오른팔의 움직임(왼팔이 축 늘어서서 움직일 수 없는 상태임을 느낀다. 오른팔은 조급함을 느끼며, 떠받들고, 잡아당기며, 때리고……, 어떻게 해서든 왼팔이 움직이도록 종용한다.)을 통해 자기 내면의 남성성과 여성성의 갈등을 알게 되었고, 억압되어 있던 왼팔(여성성)이 하고 싶던 소리와 움직임을 하게 기다려 주니 스스로 움직임을 갖게 되었고 이내 힘을 되찾게 되었다고 하였다. 이렇듯 우리의 몸과 마음은 끊임없이 상호작용을 통해 조화를 찾아가려고 한다. 설사 그것이 무의식적인 차원에서 이루어져 표면적인 의식에서는 알아차리지 못한다 할지라도 말이다.

동작은 인격을 반영한다

프로이트는 에고, 그중에서도 신체 에고가 가장 먼저 발달한다고 하였다. 프로이트를 따르던 빌헬름 라이히도 신체의 자세나 제스처, 동작이 분노나 성욕, 불안감을 막아 내는 방어적 행위라고 하였다. 분석가인 케스틴버그Kesteinberg는 유년기의 정신적 성욕 발달에 대한 프로이트의 생각이 구강기, 항문기, 남근기를 거쳐서 어떻게 동작으로 나타나는지를 자세하게 연구하였다.

이러한 연구는 KMP Kestenberg Movement Profile라는 인간의 비언어적 행동을 관찰하고 해석하는 도구로 만들어지게 된다. 이 도구는 진단과 치료 계획 그리고 다양한 내담자들과의 중재 및 상호작용으로 이용할 수 있다.

그 밖에도 많은 심리분석가들이 엄마와 유아 간의 초기 상호작용이 인격의 형성에 결정적인 역할을 한다는 이론을 말하고 있는데, 이렇게 중요한 최초 관계는 주로 언어가 아닌 동작으로 이루어지고 있다.

춤테라피에서는 내담자의 동작을 언어나 동작으로 반영해 줌으로써 개인의 비언어적 영역에 관심을 두는데, 이런 반영은 인격의 중요한 발달과정을 보여 주게 되는 것이다. 어린이들과 마찬가지로 우리는 타인의 행동을 통해 자신을 느껴 보고 우리가 누구인지를 배우기 때문이다.

그러므로 동작은 심리학적 발달과정, 정신 병리, 주관적 표현, 관계를 맺는 개인적 패턴과 함께 인격을 나타내 주는 것이다.

동작을 통한 무의식의 접근

무의식은 의식적인 자각으로는 존재하지 않는 심리적 내용으로, 억압되어 나타나지 않는 생각이나 느낌, 이미지를 포함한다.

무의식의 내용은 원시적이고 본능적이거나 유아적인 개념을 나타낸다고 하는데, 이러한 상징들은 내담자의 무의식에 관한 내용에 접근하고 무의식적인 감정을 자각하게 만들어 주는 중요한 수단이 되는 것이다.

동작을 통해 느낌이나 이미지, 상징을 만나는 것이 치료적 변화를 위한 과정이라고 할 수 있는데, 춤테라피는 무의식적인 감정에 접근하기 위한 수단으로 몸을 사용하기 때문에 언어치료에 방어적인 내담자들에게도 효과적이다.

주 2회 정도 춤테라피에 참가하던 어떤 내담자는 춤을 추다가 뱅글뱅글 도는 움직임을 하게 되었다. 이런 움직임이 계속해서 나타나자 그 움직임이 뜻하는 의미와 움직이면서 느껴지는 감정에 주의를 기울이기 시작하였다. 별 의미가 없는 것처럼 보이던 움직임에 주의를 기울이던 내담자가 자신의 경험에 대해 쓴 글을 소개한다.

몸으로 몰입하기가 쉬웠다. 거의 마지막 곡이 끝나 갈 무렵 울음이 터져 나왔다.

억압했던 내 감정들이 불쌍해서 울기 시작한 것 같은데 터져 나오는 울음이 가슴이 아플 정도로 거세어지고, 숨이 막혔다.

치료자가 움직일 수 있으면 움직여 보라고 해서 서서히 좌우로 리듬에 몸을 실어 주자 몸이 저절로 움직이기 시작했다. 바닥을 뒹굴고, 엎어졌다 일어났다.

그동안의 억압에 반항이라도 하듯 거세게 움직였다. 차츰 가슴의 통증이 사라지는 듯해서 일어나려고 했는데, 머리가 마구 흔들리고 다리가 협조하지 않았다. '아! 일어나기 싫구나. 아니 일어날 수가 없구나.'라는 생각이 들어서 '그래, 몸의 소리에 따라가자. 어떻게 하고 싶은데?' 하고 나 자신에게 물어보니까 돌 직전의 아이처럼 엉덩이로 기기 시작했다.

온 방 안을 기어 다니면서 울고 울고 또 울고……, "엄마"라는 말이 튀어

나왔다.

그리고 탈진해 버렸다. 너무나 평온하고 후련하고 가벼운 기분이었다.

이 내담자는 그 이후에도 둥글게 도는 움직임에 집중하면서, 자신의 어린 시절에 억압되었던 감정과 기억을 만나고 자기 삶을 더욱 깊게 이해하게 되었다.

창의적 움직임

즉흥 움직임을 통해 하나의 동작을 만들어 내는 행위는 사람들에게 가상의 세계에 대한 새로운 경험을 하게 해 주기 때문에 본질적으로 치료로서 기능한다는 원리다. 춤이나 음악, 미술, 문학과 같은 예술은 사회에서 받아들여지지 않고 충족되지 않는 무의식적 욕구들에 대한 대리 환상을 충족시키는 역할을 한다. 그뿐 아니라 꿈과 마찬가지로 예술은 무의식적인 소재를 취하게 되고 그것을 상징으로 표현하는 것이다. 뱅글뱅글 도는 움직임은 어찌 해야 할 바를 몰라서 두려워하고 어딘가에 사로잡힌 듯한 정서를 나타낼지도 모른다. 내담자는 치료과정에서 이와 유사한 방식으로 상징적인 의사소통을 하고, 치료사의 도움으로 상징이 의미하는 감정을 이해할 수 있게 되는 것이다.

치료자와 내담자의 관계

-**움직임 관계:** 춤테라피에서 동작을 통해 이루어지는 내담자와 치료
자 관계는 행동의 변화를 가능하게 해 준다. 내담자에 대한 치료사
의 반응이 주로 언어로 이루어지는 심리치료와는 달리, 춤테라피에
서는 치료자와 내담자가 주로 움직임을 통해 반응하게 된다. 그러
므로 자기 감정을 잘 느끼지 못하여 감정 접촉에 어려움을 겪는 내
담자나 감정이 너무 강해서 언어적으로 표현하기 어려운 내담자에
게도 움직임을 통한 표현을 주 매체로 사용하는 춤테라피가 매우
유용하다고 할 수 있다.

-**지금 여기에서:** 내담자가 자신의 어려운 문제에 직면하여 감정을 드
러낼 때, 치료자 역시 내담자의 그 감정에 몰입하면 자신을 놓치게
된다. 이런 경우 내담자가 일상생활에서 문제에 직면할 때와 같은
긴장, 즉 지금 현재의 자기 모습을 받아들이는 것이 아니라 누군가
다른 사람 혹은 다른 모습으로 변화를 원할 때 만들어지는 긴장이
세션에서도 일어나게 된다. 이러한 긴장은 내담자와 치료자에게 지
금 여기가 아닌 과거나 미래에 대한 이야기를 다루게 하여 근본적
으로는 내담자에게 도움이 되지 않는 경우가 많다. 예를 들면, 일반
적인 세션에서 치료자는 내담자의 동작을 그대로 따라 움직이거나
반복하고, 그 움직임을 바꾸거나 거기에 반응을 보임으로써 내담자
에게 응답한다. 하지만 이때 치료자는 내담자의 동작을 바라보되,

또한 자신의 내면을 바라보면서 접촉하게 되는 감정이나 내담자의 움직임이 자신에게 진실하게 느껴지는지에 초점을 두는 것이 무엇보다도 중요하다.

춤테라피의 목적

춤테라피의 주요 목적은 다음과 같다.

① 내담자에게 동작을 통한 감정의 경험이 심리적, 신체적으로 재결합을 할 수 있도록 도와준다. 즉, 춤동작을 하면서 느끼게 되는 감정이 어떤 기억이나 억압된 상처와 연관되어 있는지를 이해할 수 있도록 해 준다는 것이다.

② 개인의 일상적인 행동과 대인관계를 잘할 수 있게 하기 위해 집단 작업에서 동작을 사용한다. 개인이 경험하는 감정은 주로 대인관계를 통해서 일어난다. 이러한 대인관계에서 가장 어려운 것이 언어 아래 놓여 있는 마음이라고 할 수 있는데, 이러한 마음을 표현하고 소통하기 위한 방법으로 동작을 사용한다는 것이다. 왜냐하면 동작은 언어가 전하지 못하는 깊은 마음을 아주 쉽게 드러내 주기 때문이다.

③ 개인과 집단에 존재하는 무의식적인 감정에 접근하기 위해 창의적인 동작을 도입한다. 창의적인 동작은 자기의 습관이나 패턴에서 나오는 것이 아닌 새로운 동작이며, 이러한 동작은 이제까지 경험해 보지 못했던 감정을 새롭게 경험하게 하는 역할을 한다.

④ 지금 여기, 즉 자신의 현재 모습을 받아들이고 사랑할 수 있게 한다.

움직임 분석

당신들은 삶을 볼 수 없다.
당신들은 눈앞에서 움직이는 사람들을 보면서 그것을 삶이라고 부른다.
- 칼 게일

움직임

"움직이지 않는 것은 죽은 것이다."라는 말이 있다. 인간은 욕구 충족을 위해 그리고 가치 있는 어떤 것을 위해서 움직인다. 누군가 어떤 물체를 향해 움직일 때, 우리는 그 목적을 쉽게 알아차릴 수 있는 것이다. 선악과에서 열매를 따려고 했던 이브는 그 열매를 먹기 위해 따긴 했지만, 내면에는 다른 목적이 있었다. 그 사과를 먹으면 지식, 즉 눈이 밝아지고, 하느님처럼 되어서, 선과 악을 알게 된다는 것이 바로 이브가 사과를 따 먹게 된 동기였다. 이렇듯 인간의 움직임은 생활의 가장 기본적인 신체 경험이며, 감정을 전달하고 삶의 존재를 확인하는 정서적 신체 경험과 표현을 위한 모든 동작은 곧 마음의 상징이다.

이러한 인간의 동작을 체계적으로 연구한 사람이 바로 루돌프 폰 라반이다.

루돌프 폰 라반(1879~1959)

헝가리 프레스 부룩에서 태어난 루돌프 폰 라반Rudolf von Laban은 파리에서 미술과 무용을 공부하고, 1911년 뮌헨에 무용학교를 설립하였으며, 1927년 베를린에 라반무용연구소를 개설하고, 1930년 베를린국립극장연합의 무용감독이 되었다.

독일과 영국에서 활약한 무용지도자로 미학의 역사, 고대 그리스의 철학과 수학, 모든 인간의 움직임 법칙을 확인할 수 있는 실험에 기초하여 연구한 결과, 인간의 모든 움직임을 보다 정확하게 기록할 수 있는 움직임 표기 체계인 라바노테이션(유럽 명: 키네토그라피 라반)을 고안해 내었다. 이 라바노테이션은 육체의 움직임 분석과 공간이론의 확립을 추구하였으며, 기호에 의한 움직임의 기보법(記譜法)이다.

기보법은 마치 음악의 악보처럼 움직임을 종이 위에 적는 것이다.

움직임을 '움직이는 주체' '방향' '높낮이' '시간'의 네 가지 기본 요소로 분석하고 해부학적 관점에 바탕을 둔 접근법을 선택함으로써 라바노테이션은 무용뿐 아니라 체육이나 마임을 포함한 모든 신체 움직임에 대한 분석과 기록을 가능케 한다. 사진이나 비디오 기록이 3차원의 동작 정보를 2차원의 평면(인화지, 화면)에서 재연하는 것과 달리 라바노테이션은 (기록의 재연 환경이 2차원 평면, 즉 종이임에도 불구하고) 상징기호체계를 이용함으로써 움직임의 3차원적인 공간 및 시간에 대한 정보를 세밀하게 묘사할 수 있다는 장점이 있다. 현재 라바노테이션은 동작의 기본 구조 분석에 충실하다는 점과 움직임의 기록 및 재연이 가능하다는 점에서 동작 기보법으로서의 그 과학성과 합리성을 널리 인정받고 있다.

그는 3년간 생산직 노동자를 대상으로 어떻게 움직이는가를 관찰하고, 신체의 자연스러운 동작의 기본 원리를 연구하였다. 이를 통해 동작을 기호화하는 새로운 기법을 제공하였으며, 동작을 연구하여 인간의 내적 갈등을 이해할 수 있다고 주장하였다. 이러한 이해를 바탕으로 동작을 통한 의사소통의 가능성을 제시하였다.

무용수, 안무가, 무용교육자, 미술, 심리학자로서 움직임 연구에 일생을 바친 천재적인 인물 라반의 이론체계는 어떠한 움직임에도 보편적으로 응용할 수 있어 무용 이외의 연극, 체육, 어린이 교육 등의 타 분야에서도 폭넓게 적용되고 있을 뿐만 아니라 인류학과 치료법, 창의력 개발을 위한 연구에도 기초를 제시하고 있다. 그의 문하에서 마리 비그만, 요스, 크로이츠베르크 등이 배출되었고, 새로운 무용 창조의 주동적 역할을 하였다. 그의 저서로는 『무용가의 세계 *Die Welt des Tänzers*』(1922), 『어린이를 위한 무용과 체조 *Des Kindes Gymnastik und Tanz*』(1926), 『안무법 *Choreographie*』

(1926), 『무용기록법 *Schrifttanz*』(1928), 『현대의 무용교육 *Modern Educational Dance*』(1948), 『무대 위의 움직임 숙련 *Mastery of Movement on the stage*』(1950), 『춤과 움직임 표기의 원리 *Principles of Dance and Movement National*』(1954) 등이 있다.

움직임의 네 가지 요소

라반 움직임 분석 Laban Movement Analysis: LMA의 핵심은 '움직임은 신체적-육체적 과정, 내부 의도의 외부로의 표현이다.'라는 것을 인식하는 것이며 움직임 자체에 대한 객관적인 묘사가 강조된다. 라반 움직임 분석의 언어들은 일정한 흐름의 과정에서 꾸준히 나타나는 강조점인 네 가지 주요 움직임 카테고리, 몸 Body, 형태 Shape, 공간 Space, 에포트 Effort로 분류하여 분석한다.

명확하고 포괄적인 움직임 언어로서 LMA는 움직임의 어휘를 확장시키고 움직임의 기능적 측면을 강화하여 관찰을 구체화시키고 다양한 분야에서 연구를 풍족하게 하며 의사소통을 원활하게 해 준다.

현재 LMA는 보편적인 특성으로 공연예술, 댄스테라피, 스포츠, 무용교육, 문화연구, 인류학, 비언어적 의사소통 등 다양한 분야에서 적용되고 있는데, 움직임 분석의 네 가지 주요 영역에 대한 설명은 다음과 같다.

① 몸: 신체적 측면이며 무엇을 움직이는가 하는 것이다.
내적 의지 표현의 시작점이며, 구부리고, 펴고, 앉고, 뛰고, 회전하

는 기능적인 면을 담당한다.

- 머리: 우리 신체의 가장 위에 있다.
- 몸통: 가운데 있으며, 표현의 핵심적인 부분이다.
- 팔: 제스처를 하기 위한 부분이다.
- 다리: 지지와 이동을 위한 부분이다.
- 관절: 특정한 기능을 담당하고 있다.
- 피부: 외면(손등, 등, 허리, 다리 앞면 등)과 내면(손바닥, 가슴, 배, 종아리와 허벅지 안쪽)에 따라 표현이 달라진다.

② 형태: 몸의 형태를 말하는 것이다.

- 세이프 플로 Shape Flow: 내면에서 흘러나오는 움직임이란 뜻으로, 예를 들면 책상 위의 펜을 보면서 내면에서 '저 펜을 잡아야지.'라는 마음이 생기고 움직임이 시작되면서 나타나는 형태나, 원을 만들려고 시작하는 움직임도 세이프 플로라고 할 수 있다. 이때 호흡이 중요한 요소가 될 수 있다.
- 디렉셔널 세이프 Directional shape: 몸이 움직여서 어떤 모양을 만들어 내는 것으로, 위의 경우에서는 팔을 뻗어 펜을 잡는 움직임 혹은 양팔을 위로 뻗으면서 둥그렇게 움직여 가는 것이다.
- 세이핑 Shaping: 신체를 이용해서 어떤 모양을 만드는 것으로, 펜을 들고 허공에 어떤 그림을 그리는 것이나 양팔을 모아 원을 만드는 것이다.

③ 공간: 어디로 움직이느냐를 결정하는 것이다.

공간은 개인적인 공간personal space과 일반적인 공간General space으로 이루어져 있다. 예를 들어, 정면을 이야기할 때, 개인적인 공간에서의 정면이 얼굴이 향하는 곳이라면, 일반적인 공간에서는 그 공간에서 모든 사람이 생각하는 정면을 말하는 것으로 두 개의 공간은 서로 다를 수 있다.

- 가까운 곳near: 몸에서 가까운 0~15cm 정도 떨어진 곳에서의 움직임으로 보통 짜증, 집중, 목욕, 긁기, 화장, 이발 등의 행위가 이루어지는 공간이다.

- 중간middle: 몸에서 15~30cm 정도 떨어진 곳에서의 움직임으로 편안함, 자유로움, 안정감을 주며 악수, 청소, 요리, 걷기, 빨래 등의 움직임이 일어나는 공간이다.

- 먼 곳far: 30cm 이상 떨어진 곳에서의 움직임을 말하는데, 시원함, 팽창, 벅참, 불안정한 느낌을 주며, 일상생활에서는 기지개, 고무줄, 발레, 건너뛰기를 할 때 사용하는 공간이다.

④ 에포트: 동작이 어떤 느낌을 주는가를 관찰하는 것이다.

- 무게Weight: 가벼운 - 무거운
- 시간Time: 빠른 - 지속적인
- 공간Space: 직선/직접적인 - 곡선/간접적인
- 흐름Flow: 자유로운 - 통제된

에포트

댄스테라피에서는 주로 동작의 느낌 요소인 에포트Effort를 주로 사용하는데, 라반이 최초로 '에포트'라는 개념을 도입하여, 동작을 연구하였다. '에포트'란 내면적 충동이나 욕구에 의해 솟아나는 에너지가 움직임에 반영되도록 한, 하나의 표정을 의미한다. 그러므로 에포트는 움직임의 질적인, 즉 움직이는 사람의 내적인 태도를 표현하는 방식이다.

1) 무게요소

움직임 분석에서는 '가벼움'과 '무거움'이라는 두 가지 무게요소를 사용한다.

'가벼움light'은 나폴나폴, 아지랑이, 긴 털, 편안함 같은 느낌 및 요정과 같이 떠 있는 느낌을 준다.

'무거움heavy'은 강함, 무거움, 힘, 절도, 견고함, 직선으로 이루어져 있으며, 무거운 짐 나르기, 운동경기, 태권도와 같은 행동에서 주로 나타난다.

2) 시간요소

여기에서의 시간요소는 일정한 시간 동안 얼마나 자주 혹은 드물게 움직이는지에 따라 빠르고 느림이라고 한다. 예를 들어, 20초 동안 계속해서 같은 속도로 빠르게 혹은 느리게 박수를 친다면, 그것은 시간요소가 없다고 말한다. 즉, 일정한 시간 동안 움직임의 속도가 빨라지는지 느려지는지를 갖고 측정하는 것이다.

'빠른quick'은 재빠름, 짧음, 조급함, 날카로움, 직선, 뛰기, 놀람의 느낌을 주고, 환호하는 박수치기와 같은 동작에서 잘 나타난다.

'지속적인sustain'의 경우에는 여유, 느려짐, 부드러움, 섬세함의 느낌을 주며, 기지개, 머리 쓰다듬기, 승무 자락의 움직임에서 나타난다.

3) 공간요소

공간에서의 움직임을 관찰하는 것으로 '직접적인direct'과 '간접적인indirect' 두 가지 요소로 이루어져 있다.

'직접적인' 움직임은 집중, 의지, 몰입, 뾰족함, 정확함의 느낌을 주며, 활쏘기를 하는 사람의 움직임에서 잘 보이며, 개인의 결정 혹은 선택에 대한 심리적 태도를 보여 준다.

'간접적인' 움직임은 자기 멋대로, 산만, 어지러움, 흔들림, 잃어버림, 무관심과 같은 느낌을 주는데, 마치 처음 들어가는 캄캄한 방에서 전등의 스위치를 찾는 것과 같은 움직임이며, 심리적으로는 선택이나 결정에 있어서의 갈등과 고민을 나타내 준다.

4) 흐름요소

흐름요소는 몸 전체의 움직임에 대한 것으로 '자유로운free'와 '통제된bound'의 두 가지 요소로 이루어져 있다.

'자유로운free'은 즐거움, 현기증, 비틀거리는 느낌으로, 나비와 어린 아이, 바람과 슬라이딩 그리고 예술가의 움직임이다.

'통제된bound' 움직임은 정형화된, 조심스러운, 딱딱한, 뾰족한, 규칙적인 느낌을 주게 되며, 절하기, 바느질, 아기를 안을 때 보이는 움직임이다.

에포트를 그래프로 표시하면 [그림 1]과 같다.

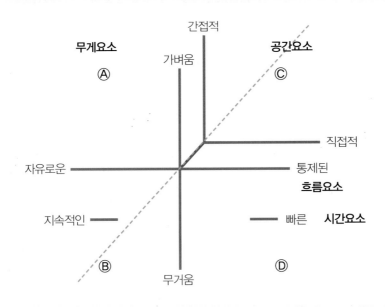

[그림 1] 에포트 그래프

위의 그래프에서 점선을 중심으로 오른쪽 아래에는 주로 운동경기를 하거나 경쟁을 하는 경우 나타나는 움직임이며, 왼쪽 위로는 느긋한 상태이거나 경쟁으로서가 아닌 놀이를 할 때 나타나는 움직임이라고 할 수 있다. 그런데 어떤 사람의 움직임이 주로 한쪽 면에서만 나타난다면 정서적으로 불균형이 초래될 수 있거나 불균형을 보여 주는 신호라고 본다. 예를 들어, 어떤 사람의 움직임이 주로 Ⓐ의 영역에 치우쳐 있다면, 주로 가볍고 간접적이며 어느 정도의 자유로움이 있다고 할 수 있으며 이런 경우는 정서적으로 들판에 뛰어노는 아이와 같은 유연함과 상태를 갖고 있다고 할 수 있다. Ⓑ는 일상생활에서 보자면 아침에 일어나기 싫어 방에서 뒹구는 것 같은 무겁고 느린 움직임이며, 이완되어 느긋한 느낌을 준다. Ⓒ의 경우는 친구와 손가락으로 장난을 치는 아이와 같이 가벼우며 약간 빠르고 초점을 사방에 두는 움직임으로 경쾌한 상태를 나타낸다고 할 수 있다. Ⓓ는 마치 어떤 일에 집중하는 행동이나 운동 경기에서 볼 수 있는 무겁고 빠른 움직임으로 이루어져 있으며, 목표를 향해 돌진하는 욕구를 보여 준다고 할 수 있다.

이렇듯 일반적으로 인간의 행동은 에포트의 한 가지 요소로만 이루어지는 것이 아니라 두세 가지 요소가 동시에 작용한다. 예를 들어, 태권도를 하는 동작은 무거운(무게), 빠른(시간), 직선(공간)의 세 가지 요소가 동시에 작용하여 절도 있고 힘이 있는 느낌을 나타내 주는 것으로, 이와 같이 에포트에는 여덟 가지 기본적인 행동이 있다.

1. 누르기(직접적인-공간, 지속적인-시간, 무거운-무게)

2. 살짝 때리기(간접적인-공간, 빠른-시간, 가벼운-무게)

3. 비틀기(간접적인-공간, 지속적인-시간, 무거운-무게)

4. 가볍게 두드리기(직접적인-공간, 빠른-시간, 가벼운-무게)

5. 아래로 베기(빠른-시간, 무거운-무게, 간접적인-공간)

6. 미끄러지기(지속적인-시간, 가벼운-무게, 직접적인-공간)

7. 때리기(직접적인-공간, 빠른-시간, 무거운-무게)

8. 뜨기(간접적인-공간, 지속적인-시간, 가벼운-무게)

이러한 LMA는 인간의 객관적인 움직임을 관찰하기 위한 것이다. 그런데 사람마다 움직임을 보는 것이 주관적이고 다르기 때문에 이를 임상적으로 사용할 때는 전문가 3인 이상이 모여 객관성을 유지해야 한다. 움직임으로 사람을 섣부르게 평가하고 진단하는 것은 위험할 수 있으며, 다만 LMA는 움직임을 좀 더 객관적으로 바라볼 수 있는 도구로서 어떤 사람의 움직임을 보면서 그 사람을 더 많이 이해하고 공감하기 위한 것으로 사용해야 한다.

인간의 마음 상태와 에포트의 관계

이러한 에포트는 각각의 요소가 인간의 심리와 연결되어 있다. 인간의 움직임은 욕구의 표현으로 자신을 표현하고 내면에서 일어나는 어떤 것을 동작을 통해 전달한다. 이렇게 인간의 움직임과 정서는 연결되어 있으며, 에포트의 요소에 좋고 나쁜 것은 없다. 인간은 에포트를 통해 충동을 창조하고 발전시키는 것을 배우며, 움직임을 재현하고 그것을 사용함으로써 상상력이 풍부해지고 표현력이 다양해진다. 에포트 요소를 통해 나의 움직임을 관찰하면서 나를 이해하고 다른 사람들의 움직임을 통해 또 다른 정서를 경험하는 것이다.

신체의 심리적 의미

우리 몸의 각 부분에는 심리적인 의미가 담겨 있다.

머리에서 허리까지의 상반신은 인간적인 면을, 하반신은 동물적인 면을 의미한다. 머리에서 허리까지의 절반은 합리적인 사고가 가능한 이성을 담당하는 대뇌피질로 특징지어지는 인간의 머리, 혈액과 산소를 공급하고 나누어 주는 영역인 가슴으로 이루어지며, 이 두 부분은 사회적 관계를 유지하고 발전시키는 인간적인 부분을 의미한다. 사회적인 관계가 유지되기 위해서는 무언가를 끊임없이 주고받아야 하기 때문이다. 배와 골반, 다리로 이루어진 아래쪽 절반은 음식의 흡수와 생식, 신체의 이동이라는 생명체의 기본적인 활동이 이루어지는 부분으로 동물적인 부분이라고 할 수 있다.

또한 우리 몸을 반듯하게 유지할 수 있는 척추로 이루어진 등은 자기가 생각하는 자신의 이미지와 연관이 되어 있다. 외부의 무언가를 밀고 잡아당기며 세밀한 조작을 가능하게 하는 팔, 우리를 원하는 곳으로 이동할 수 있게 해 주는 다리와 골반은 우리를 외부(세상)와 연결시켜 준다. 팔과 다리가 없다면 외부와 접촉하고 관계하기가 무척 어려워질 것이다. 인간이 느낄 수 있는 감각 중에서 시각, 청각, 미각, 후각을 감지하는 기관이 모여 있는 얼굴은 정신적, 이성적인 면을 담당하는 부분이며, 몸의 외부를 감싸고 있는 피부는 느낌과 정서를 지각한다.

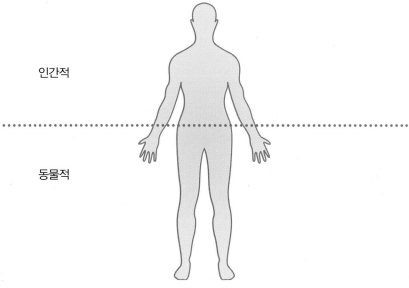

인간적

동물적

[그림 2] 신체의 심리적 의미-상체와 하체

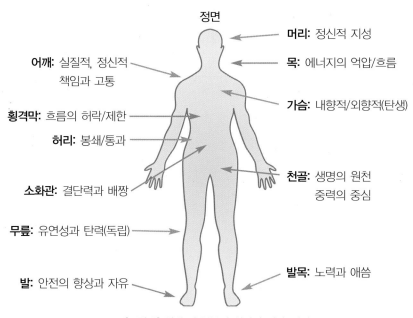

정면

머리: 정신적 지성

목: 에너지의 억압/흐름

어깨: 실질적, 정신적
책임과 고통

가슴: 내향적/외향적(탄생)

횡격막: 흐름의 허락/제한

허리: 봉쇄/통과

천골: 생명의 원천
중력의 중심

소화관: 결단력과 배짱

무릎: 유연성과 탄력(독립)

발목: 노력과 애씀

발: 안전의 향상과 자유

[그림 3] 신체 각 부분의 심리적 의미-정면

우리 몸의 측면인 왼쪽과 오른쪽은 서로 다른 의미를 갖고 있는데, 왼쪽은 정서적 느낌을, 오른쪽은 실질적 장기를 의미한다고 할 수 있다. 또한 복부와 등을 보자면 가슴과 복부가 있는 앞부분은 수용적 감성(상처를 받기 쉽고 취약)을, 뒤쪽은 방어(강함)와 공격성(배타적)을 나타낸다.

이것을 그림으로 나타내면 [그림 3]과 같다.

머리는 의식의 중심이며 우리의 지성, 즉 인간적인 면이 가장 크게 드러나는 부분으로 자기 이미지와 자기 감각 혹은 자아의 힘과 같은 내적인 상태와 관련이 있다. 계속적으로 자기를 낮추는 패배와 굴복의 태도 혹은 무력감과 같은 감정을 자주 사용한다면 머리는 아래로 숙여지고, 고개를 하늘로 들면서 코를 긴장하게 되면 자기를 높이는 자신감, 자만, 경멸, 오만 등을 의미하는 것이다.

턱을 당기고 있다면 슬픔과 분노를 억누르고 있다는 의미이며, 말로 자신의 정서나 생각을 표현하는 데 어려움이 있다는 뜻이다. 앞으로 튀어나온 턱은 공격적이며 오만한 성격이나 타인을 화나게 만드는 성격을 말해 준다. 어금니를 꼭 다문 것처럼 턱을 조이고 있다면 그것은 과도하게 자신을 통제하고 자신이 처한 어려운 상황을 극복하려는 굳은 의지를 보여 주는 것이다.

목은 느낌과 생각, 자극과 반응 사이의 중계자로서 머리가 몸의 각 부분과 소통하는 가장 큰 통로이며 자신의 에너지를 억압하는지, 자유롭게 흐르게 하는지를 나타내 주는데, 심리적으로는 주로 죄의식에 대한 두려움을 말해 준다. 다시 말하면 목에 긴장을 많이 하는 사람은 자신의 정서를 자유롭게 흐르지 못하게 억압하는 상태라고 볼 수 있으며, 의사소통의 어려움이나 자신에 대한 이미지와 관련된 갈등이 있다는 것을 말해 주는 것이다. 길고 연약해 보이는 목은 자만한 태도를 반영하고, 보통의 경우보다 더 굵고 강한 느낌의 목은 공격적인 태도를 나타낸다.

어깨는 실질적이고 정신적인 책임과 고통을 의미한다. 만일 어떤 사람의 모든 행위가 의도적이거나 혹은 어떤 책임을 지고 있다면 그로 인해 어깨를 긴장하게 되어 늘 무겁거나 아픔을 느낄 것이다. 또한 어깨는 방어를 위해 작용하기도 한다. 예를 들어, 갑자기 커다란 소리가 나거나 어둠 속에서 누군가가 불쑥 나타난다면, 우리 몸은 즉시 긴장을 하게 되는데 그중에서도 어깨는 위로 올라가고 팔과 손은 위축된다. 어깨가 위로 올라간 사람은 두려움 속에서 불안함을 느끼며 삶의 모든 상황에 그 공포를 투사하는 경향이 있다.

가슴은 내향적인지 외향적인지를 나타내는 신체 부분으로, 주로 가슴을 앞으로 내밀거나 긴장하고 있는 경우는 외향성이 강하다고 볼 수 있으며 가슴 부위가 처지거나 안쪽 방향으로 꺼진 사람의 경우는 내향성이 강하다고 할 수 있다. 또한 상처를 받는 것에 대해 지속적인 두려움이나 방어적인 태도를 가진 사람은 가슴을 앞으로 모아 둥글게 만든다.

횡격막은 호흡을 위한 중요한 근육으로 생명체로서의 기반이 되며, 몸의 에너지 흐름에서 중요한 역할을 한다. 뱃속 깊은 곳에서 만들어진 감정을 조절하는 기능을 하고 있으며, 만성적인 긴장이 일어나면 감정이 폭발하는 것을 억제해 주기도 하지만 감정 표현의 장애로 작용하기도 한다. 이러한 장애로 몸의 감각이 무뎌지기도 하며 답답한 느낌과 함께 기쁨과 같은 긍정적인 느낌도 줄어들게 된다.

허리는 복부의 느낌이 몸의 윗부분으로 전달되는 관문으로, 만성적인 긴장은 느낌을 차단하게 된다. 이와 함께 소화관은 심리적으로 결단력과 배짱을 의미하는 것으로, 이 부분의 만성적인 긴장은 자신의 결정이나 느낌을 신뢰하지 못하는 불안함을 나타낸다고 할 수 있다.

천골은 생명의 원천이며, 중력의 중심으로 자신이 굳건하게 설 수 있는 기반을 마련해 주는 것이다. 무릎은 유연성과 탄력을 담당하는 부분으로 만일 무릎에 통증이 느껴진다면 이것은 죽음과 변형 그리고 변화

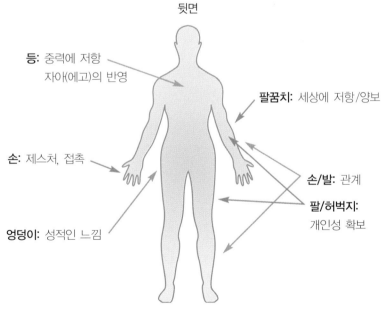

[그림 4] 신체 각 부분의 심리적 의미-뒷면

에 대한 두려움을 느끼고 있거나, 현존의 느낌에 대한 두려움을 갖고 있다고 할 수 있다. 발목의 긴장은 노력과 애씀, 유동성 혹은 움직임의 두려움을 나타내며, 발은 안전의 향상과 자유를 의미하는데, 그 부분에 통증을 느낀다면 이는 내적 자아의 두려움을 나타내는 것이다.

등은 자아ego를 나타내 주는 것으로 신체적으로는 중력에 저항하는 하나의 개체를 의미하는데, 등에 과도한 긴장이 나타나는 것은 자신을 타인에게 드러내기 위한 마음이 드러나는 것이며 등을 똑바로 세우지 못하는 것은 허약한 에고를 반영하는 것이다.

팔꿈치는 세상과의 관계를 잘 보여 주는 부분으로, 팔꿈치의 긴장은 외부에 대한 저항을 나타내는 것이다. 일상생활에서 팔꿈치의 긴장을 가장 쉽게 볼 수 있는 곳이 바로 사람으로 가득 찬 버스나 지하철이다. 세상 혹은 외부로부터 자신의 영역을 확보하려고 할 때 사람들은 팔꿈치를 들어 자신을 보호하려고 한다.

손의 주된 기능은 주변 세상과 접촉하는 것이다. 어린아이는 끊임없이 손을 뻗어 주변의 세계를 탐색하고 관계를 맺으며 세상에 대해 배우게 되고 접촉을 통해 행복감과 충만함을 채워 나간다. 또한 움직임에서 나타낼 수 있는 것보다 훨씬 미묘한 느낌을 표현하기 위해 손으로 하는 제스처를 사용하기도 한다.

손과 발은 관계를 담당하는 부분이며, 특히 팔꿈치의 윗부분과 허벅지는 자연스러운 상태에서 자신에게 해가 되는 에너지로부터 자신을 보호할 수 있는 능력과 자유를 갖고 있다. 매우 발달된 팔과 허벅지는 자신이 성취한 것을 붙들려는 경향을 나타내며, 가는 팔은 지구력이 부족하다고 할 수 있다.

엉덩이는 성적인 느낌을 드러내는 역할을 하는데, 성적인 느낌을 금기시하는 사회일수록 엉덩이의 긴장이 심해진다. 그런데 엉덩이를 긴장시킨다는 것은 살아 있는 존재의 힘을 억누른다는 뜻으로 생명력과 점점 멀어진다는 뜻이다. 또한 성적으로 억압된 사람들은 의존감을 느끼며 다른 사람에 의해 쉽게 통제될 수 있다.

이렇게 몸의 각 부분은 신체적 긴장도에 따라 사회적, 개인적, 심리적 태도를 나타내 준다고 할 수 있다. 이런 몸의 긴장이나 그에 따른 움직임을 관찰하면 무의식적으로 숨겨진 그 느낌을 알아차릴 수 있으며, 긴장되는 부분을 표현하면 자기에 대해 더 잘 알아차릴 수 있게 된다.

창의적 무용활동과 춤테라피의 차이점

창의적인 무용활동에서는 교사가 학생에게 특별한 방식으로 느낄 수 있게 하기 위해서 특정한 무용 동작을 가르쳐 주거나 그 동작을 수정하게 된다. 또한 몸을 좀 더 자유롭게 움직이거나 보다 완벽하게 움직이는 것이 그 목적이 될 것이다.

하지만 춤테라피에서는 자신의 존재와 그 존재가 경험하는 새로운 방법을 찾을 수 있도록 동작을 실험해 보고, 말로 표현할 수 없는 내면의 감정을 움직임으로 표현하게 한다. 또한 내담자에게 어떤 동작을 가르처 주거나 어떤 감정을 표현하라고 정해 주지 않고, 어떻게 움직이라고 설명해 주지도 않는다.

더 중요한 것은 춤테라피스트가 인간발달에 대한 지식을 갖고 치유에 도움이 되는 동작을 상호 활동으로 이끌어 낼 수 있는 훈련을 받는다는 것이다.

이렇듯 정신의학이나 정신역동, 신체 표현이나 감정의 연구를 바탕으로 정신과 환자들의 움직임과 동작을 의사소통의 가치 있는 형태로 이해하고, 그 움직임을 치유적인 활동으로 사용하게 된 것이 오늘날 심리치유의 한 가지 방법인 춤테라피라는 학문으로 발전하게 된 것이다.

춤테라피의 이론과 실제

춤테라피의
치료 방법

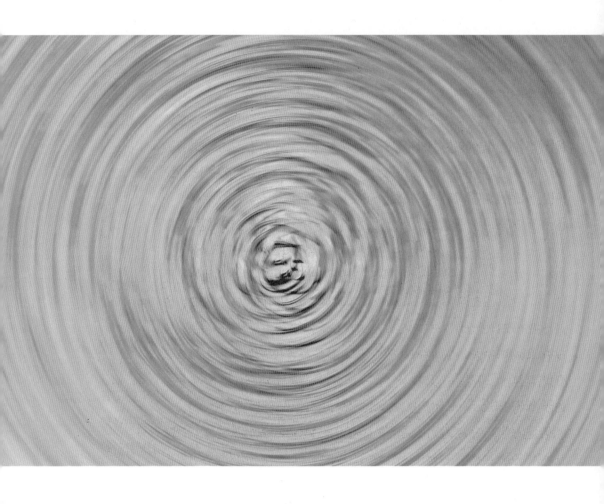

이번 장에서는 춤테라피의 뿌리가 되는 전통적 댄스테라피Dance Therapy의 치료 방법을 설명하려고 하는데, 앞에서 소개한 댄스테라피의 선구자인 마리안 체이스, 트루디 슈프, 메리 화이트하우스의 치료 방법, 주요 특징 및 세션의 구조에 대하여 소개하겠다.

마리안 체이스의 치료 방법

댄스테라피의 창시자로 알려진 마리안 체이스Marian Chace의 이론과 방법론은 제2세대 댄스테라피스트인 샤론 채클린Sharon Chaiklin, 다이앤 둘리카이Dianne Dulicai, 플레처Fletcher, 더그 샌들Doug Sandle에게 많은 영향을 주었다. 마리안 체이스Marian Chace는 세션에서 참여자들이 리듬에 따라 함께 움직이는 것을 중요하게 생각하였으며, 개인의 내면이 움직임을 통해 상징적으로 드러난다고 보았다. 이러한 체이스의 댄스테라피 원리는 모두 네 가지 범주로 정리할 수 있다.

댄스테라피의 네 가지 원리

① 몸의 움직임 Body Action

감정 표현을 나타내는 근육 움직임을 통해 행동화를 경험하는 것으로 무용 및 동작이 내담자의 긴장을 풀어 주고 어떤 자극을 줌으로써 자기 감정을 표현할 수 있는 계기를 마련해 주는 것이다.

② 상징주의 Symbolism

상징적인 신체 언어가 내적 감정들을 외적으로 표현한다는 것을 의미한다. 댄스테라피에서는 일상생활에서 사용하는 언어와 상관없는 감정과 사고를 표현하기 위해 상징적인 신체 동작을 사용하는데, 이때 내담자들은 말로 설명할 수 없는 복잡하고도 심오한 감정을 표현하면서 자신의 주관적인 느낌을 드러낸다. 이런 움직임은 이성적인 언어로 표현될 수 없지만 상징적인 행위로 공감을 일으킬 수 있는 내면의 감정을 밖으로 표현하는 것이다.

③ 치료적 움직임 관계 Therapeutic Movement Relationship

내담자의 감정적인 움직임과 치료자의 동작 반응에 대한 공감을 말하는 것이다. 치료자는 내담자의 동작 표현을 시각적 감각으로 인식하여 치료적 연관성을 얻을 수 있는데, 이는 내담자의 행위가 담고 있는 감정 내용을 치료자의 동작 반응에 연결시킬 수 있다는 말이다.

④ 리듬과 함께하는 그룹 활동 Rhythmic Group Activity

체이스가 원시적인 공동체 의식에서 착안한 것으로, 리듬은 인간의 모든 면에 숨겨져 있는데, 말하고 걷고 일하고 노는 일상생활의 행위뿐 아니라 호흡, 맥박, 심장의 박동에서도 느낄 수 있다. 체이스는 원시인들이 공동체의 숭배와 협동심을 굳건히 하려는 목적으로 음악과 춤 혹은 리듬 행위를 이용하게 된 것은 결코 우연이 아니라고 하면서, 리듬은 개개인의 행동을 조직화하며 사람들 사이에 단결된 감정을 불러일으킨다고 하였다. 예를 들어, 축구장이나 야구장에 가면 같은 편 사람들이 리듬 안에서 하나가 되는 것을 볼 수 있다. 올림픽 경기가 열리던 시청 광장에서 같은 리듬으로 수만의 사람들이 하나가 되는 느낌을 경험하는 것도 같은 이유라고 할 수 있다. 이렇듯 리듬과 함께하는 그룹 활동은 자신의 에너지를 깊은 곳에서부터 내뿜게 하고 강한 힘과 최고의 안정감을 경험하게 하는 것이다.

댄스테라피스트로서 체이스는 세션(여기서 세션이라는 말은 어떤 목표를 갖고 진행되는 회기를 뜻한다.) 안에서 각 개인 및 그룹이 달성할 수 있는 목표를 설정하고 그것을 달성하기 위한 구조를 세웠는데, 장기적인 목표와 함께 치료가 진행되면서 내담자의 새로운 경험과 모험을 위해 단기적인 목표를 세웠다. 이러한 단기 목표들은 서로 역동적으로 순간순간 변화하면서 발전해 나가게 된다.

체이스의 치료 방법론 구조

체이스의 세션 구조는 크게 신체 준비단계, 주제 전개, 마무리의 세 부분으로 나눌 수 있다.

① 신체 준비단계 Warm-up

신체 준비단계는 초기 접촉으로부터 시작하는데, 이때 내담자의 움직임을 반영하고 동작을 확장시키면서 명료화를 통해 움직임의 대화가 이루어지도록 하는 것이다. 여기서 반영이라 함은 세션이 시작되고 내담자들이 방에 들어오면서 느껴지는 분위기에 따라 집단의 형태를 결정하는 것을 말한다. 예를 들어, 분위기가 너무 조용하고 가라앉았을 때는 그 느낌을 반영하기 위해 부드럽고 느린 음악으로 시작하고, 화려한 움직임이 많고 긴장이 느껴지면 활동적인 음악을 틀어 주었는데 집단 구성원들이 서로 화합이 되고 상호작용을 하면서 공통의 중심이 될 수 있도록 리듬이 분명한 음악을 선택하는 것이다. 이렇게 다양한 리듬과 분위기에 따라 내담자 사이를 옮겨 다니며 자발적으로 참여할 수 있도록 만들면서 자연스러운 원이 형성되게 한다. 원이 형성되면 개인의 공간적 경계가 사라지고 규정된 공간에서 동등한 나눔이 이루어지며 집단원들의 시각접촉이 이루어지고, 안정감을 갖게 된다.

② 주제 전개 Theme

주제는 치료 세션에서 다루어질 감정이나 관계의 문제가 드러나는

것을 말한다. 체이스는 주로 이미지와 언어의 개입을 통해 집단 구성원
의 움직임을 발전시켜 나갔다. 예를 들면, '당신은 밀기push, 자르기cut를
할 수 있나요?'라는 질문을 통해 내담자가 혼자 하던 행동을 상호 행동
으로 바꿀 수도 있고 마음속에 생각하던 것을 실제 행동으로 연결시킬
수도 있다. 혹은 '누군가에게 먹이를 주고 있군요. 무엇을 자르고 있네
요.' 등의 언어를 사용하는 것은 집단을 유지시키고 서로 더 많은 상호
작용을 할 수 있게 한다.

③ 나눔과 정리Sharing
  체이스의 치료 세션에서 나눔과 정리의 과정은 집단이 원으로 공동
의 동작을 하면서 느낌을 나누거나 토론을 하는 방식으로 진행되었다.
집단이 원으로 되돌아가서 각 개인의 우정과 안녕의 느낌을 가질 수 있
는 분위기가 되도록 단순하고 반복적인 공동체 움직임의 끝맺음을 하는
것이다.

트루디 슈프의 치료 방법

  트루디 슈프Trudi Schoop는 약물치료를 받지 않은 정신분열증 환자들과
함께 작업을 하였는데, 내담자의 동작과 그 감정 상태를 조직하고 이해
하기 위해 말로 설명을 하던 체이스와는 달리 동작에서 나타나는 움직

임의 통합에 의존하였으며 다른 댄스테라피스트들과는 달리 매우 유머스럽게 내담자들에게 접근하였다. 1960년대 초에는 밴 누이스Van Nuys의 전문 무용 스튜디오에서 춤동작 치료를 배우려는 소집단의 학생들을 교육하기 시작하였으며, 카마릴로Camarillo 주립병원의 집단 무용 및 동작치료를 이끌고 있었다.

트루디는 내면의 의도와 행동을 조율하는 데 관심을 갖고 있었는데, 이것은 표현의 명료성에 높은 가치를 두었다는 말이다. 다시 말하자면 어떤 마음을 갖고 있을 때 온몸이 그 느낌을 표현하도록 하는 것으로, 마음속에 어떤 확신이 들지 않아 망설이고 있을 때는 온몸이 그 분열을 100% 표현한다는 것이다.

댄스테라피의 목적

트루디가 말하는 댄스테라피 목적은 다음과 같다.

① 각 개인이 지금까지 사용하지 않았거나 잘못 사용한 특정 신체 부위를 확인하고 자신의 행동을 기능적 패턴으로 바꾸기
② 마음과 신체, 환상과 현실 사이의 상호 관계 통합하기
③ 주관적인 정서적 갈등을 건설적으로 지각하고 처리할 수 있는 객관적인 신체 형태로 바꾸기
④ 환경에 적절히 적응하는 개인의 능력을 증가시키는 모든 동작 요소를 사용하고 자기 자신을 기능적인 인간 존재 전체로 경험하기

그리고 위의 네 가지에 춤 자체의 정신을 포함해야 한다고 하였는데, 트루디는 춤추는 사람을 포함하는 존재의 매력, 생명에 대한 사랑, 무한한 기쁨의 감각을 전달할 단어가 없다고 하면서 이렇게 묻는다.

"혹시 최근에 춤춘 적이 있나요?"

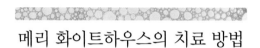

메리 화이트하우스의 치료 방법

댄스테라피 원리

메리 화이트하우스Mary Whitehouse는 미국 서부 해안에서 댄스테라피스트와 무용교사로 일하던 선구자 중 한 사람으로 그녀의 댄스테라피 원리는 다음과 같다.

① 신체적 자각Kinesthetic Awareness

화이트하우스는 근육의 움직임을 알아차리는 것은 신체적 자아에 대한 개인의 내부감각이라고 하였다. 그것은 움직일 때 그 움직임에 대해 주관적으로 어떻게 느끼는지 알아차리는 개인의 능력으로, 단순히 근육의 이완을 돕는 운동과는 다른 것이라고 하였으며, 몸은 일어나는 모든 현상에 대해 개인적으로 대응하고 반응하는 주체이며 유기체라고 강조하였다.

② 양극성 Polarity

융의 분석심리학에 근거한 화이트하우스는 양극성이 인생의 모든 면과 감정에 나타나 있다고 믿었다. 개인 분석 경험의 영향으로 양극성이 몸과 마음의 기능에 어떤 영향을 주는지 그리고 무용 및 동작치료 과정에서 어떻게 양극적 경향을 관찰할 수 있는지에 대해 강조하였다.

춤은 본질적으로 반대적인 요소와 맞물려 있다. 곡선과 직선, 닫힌 움직임과 열린 움직임, 좁은 움직임과 넓은 움직임, 위와 아래, 무거움과 가벼움 등 무수히 많은 양극의 쌍을 갖고 있다. 이러한 양극의 움직임은 감정과도 밀접한 관계가 있다.

③ 적극적 명상 Active Meditation

적극적 명상이란 억압된 무의식이 자연스럽게 표현되는 것을 방해하는 자아의 방어를 이완시키고 풀어 주는 분석심리학적 과정을 움직임에 적용한 것이다. 이는 개인의 신체적 표현을 조절하거나 검열하지는 않지만 참여하고 바라보는 관찰자로서의 의식적 자아인 에고의 중요성을 이야기하는 한편, 한 사람의 의식적인 움직임 범위를 넘어서는 우주적 형태를 표현하는 정신적 작용을 설명하고 있는데, 화이트하우스는 움직임의 적극적 명상을 통해서 융이 자기 self라고 불렀던 그것을 누구나 경험할 수 있다고 믿었다. 적극적 명상을 동작에 이용하는 것은 매우 의미있는 방법으로, 글을 쓰거나 그림을 그리다가 멈추기는 쉽지만, 즉흥적인 동작을 하면서는 글이나 그림에서처럼 어떤 부분을 없애거나 선택할 수 없기 때문이다. 사람들은 자신의 환상과 이미지, 심지어는 표면에 떠오르는 꿈을 가지고 동작으로 표현해 보고 이를 통해 자신을 이해할 수 있게 되는 것이다. 여기서 필요한 것은 어느 정도의 솔직함과 자신을 알려고 하는 욕구다.

④ 진정한 움직임 Authentic Movement

몸을 움직여 적극적 명상을 표현한다면 그것을 진정한 움직임이라고 할 수 있다. 화이트하우스는 진정한 움직임의 반대 개념을 보이지 않는 움직임이라고 하였는데, 이는 몸의 움직임이 보이지 않는다는 뜻이 아니라, 틀에 박힌 동작이나 몸의 긴장은 보이지만 표현되지 못한 움직임 내면의 정서나 생각이 보이지 않는 것을 말한다. 이러한 두 가지 움직임의 질적인 차이를 명확하게 하기 위해, 진정한 움직임의 경험은 "나에게 움직임이 일어난다. I am moved."라는 말을 썼고, 조절되거나 확실치 않은 움직임을 가리키는 말로는 "내가 움직인다. I move."라는 표현을 사용하였다. "나에게 움직임이 일어난다."라는 말은 개인이 움직임을 조절하거나 선택하기를 포기하고 몸이 자유롭게 움직이는 가운데 'Self'가 우선하도록 허락하는 것이라고 하였다.

이는 자아가 조절하기를 포기하는 순간, 선택도 없고 요구가 나타나는 것도 멈춘 채 자기가 몸을 움직이는 대로 움직이도록 허용할 때 나타나는데, 이로 인해 동작을 하는 사람의 인성은 겸손해지고 자유로워진다.

메리 화이트하우스의 치료 방법론 구조

① 심층 작업을 위한 준비단계

- 신체 자각을 위한 간단한 움직임: 그녀는 세션을 시작하는 방법으로 주로 마사 그레이엄의 테크닉을 이용하거나 간단한 동작을 하게 하였다. 이는 내담자가 자신감을 갖고 신체 자각을 할 수 있게 도와주며 이를 통해 이미지를 이용한 즉흥적인 작업으로 옮겨 가기 쉽다고 강조하였다.

- 이미지를 통한 즉흥적인 작업: 이미지를 주고 그에 대한 묘사를 하면 내담자들이 자기 자신의 답을 찾아내는 것이다. 예를 들어, 바닥에 누워 오른손이 묶여 있다고 생각하고 그 손이 뿌리를 내려 땅과 절대 떨어질 수 없다고 가정했을 때, 사람들이 이 움직여지지 않는 손에 대한 자신들의 반응을 찾는 것이다.

② 비구조적 치료 환경의 제공

내담자가 자신의 움직임을 결정할 수 있는 비구조적인 환경을 제공하거나, 그것이 불가능하다면 내담자가 움직임을 통해 생각과 느낌을 투사할 수 있는 움직임의 주제를 제공한다.

예를 들어, 이미지를 떠올리거나 연상하기 위해 자신이 누에고치 안에 있다고 생각하고 그 고치가 큰지, 작은지, 딱딱한지, 유연한지, 움직여지는지와 그 안에서 어떻게 할 것인지를 물어보는 것이다. 이 테크닉은 심리치료의 투사기법에 해당한다.

③ 적극적 명상과 치료사의 개입

화이트하우스의 주요 공헌은 기법에 중점을 두는 것보다는 개입하는 방식에 있다고 할 수 있다. 그녀의 주요 개입 방식은 움직임의 요소를 통한 적극적 명상이다. 또한 화이트하우스는 내담자를 도울 때 치료사의 얼굴이 예민해지며 자신의 움직임 과정을 표현하게 된다는 것을 인정하였다. 이런 상황에서 치료사가 개입을 할 것인지 아닌지를 결정하고, 어떻게 개입하는 것이 가장 도움이 되는지를 알 수 있는 것은 직관력이라고 할 수 있다. 내담자가 움직임을 하고 있는 동안에는 거의 말을 하지 않지만, 만일 내담자가 움직임을 멈추거나 도움이 필요하다고 생각되면 "무슨 일이 생겼어요?" 혹은 "어디에 갔었어요?" "무엇을 알아냈어요?"라고 묻는다. 그 자료를 통해 내담자가 움직임의 초점을 더욱 깊이 찾는 데 도움이 될 질문이나 제안을 하는 것이다. 그녀가 사용하던 방법의 하나는 개인의 움직임을 관찰하고는, "당신의 느낌이 바뀌고 자유스러워 보일 때 이런 움직임을 보았어요." "손을 높이 올렸을 때 무슨 생각을 했어요?"라고 묻는 것이었다.

이것은 어떤 움직임의 의미를 해석하는 것이 아니라 자신이 관찰한 움직임의 순서에 의해 치료자의 마음에 떠오르는 어떤 이야기를 해 주는 방법을 사용하는 것이다.

④ 진정한 움직임의 단계

이 단계는 위에서 설명한 진정한 움직임을 내담자가 경험하는 상태를 말한다.

⑤ 전체성으로의 통합단계

화이트하우스의 치료 세션 마무리 과정은 전체성으로의 통합단계라고 할 수 있는데, 그녀는 내담자와 관찰자가 세션에서 일어났던 자신들의 움직임과 정서의 변화 과정을 이야기하면서 마무리하는 것이라고 하였다. 이것은 무의식을 의식화하는 과정이며 서로 전이되었던 감정을 인식하는 시간이 되기도 한다.

춤테라피의 이론과 실제

그들 모두가 자기 역할을 하면서 일에 집중한 채 눈길을 돌리지 않고, 그들의 가슴이 부풀어 오르는 것이 느껴질 때, 눈을 감아도 여전히 그것이 느껴질 때 우리는 정말 그곳에서 그들과 함께 느끼고 있는 것이다. 그렇게 조화와 통합을 이루려고 노력할 때 우리는 진정한 인간 존재가 되는 법을 배울 수 있다. – 조 데이비드

심리학의 발달

지난 150년간의 서양 심리학은 정신분석, 행동치료, 인본주의 심리학으로 이어져 왔다고 할 수 있다. 그리고 1970년대 이후 대두되고 있는 자아초월 혹은 초월영성 심리학은 심리학의 네 번째 세력이라고 불린다. 초월영성 심리학은 매슬로Maslow를 비롯한 인본주의 심리학자로부터 최근에 각광받는 심리학자인 켄 윌버 Ken Wilber로 이어지고 있다. 이러한 초월영성 심리학은 전통적인 심리학 분야에 인간 본성의 영역인 영성

을 과학적인 방법을 통해 추가하였으며, 이러한 영성을 주된 초점으로 다루고 있다. 세계보건기구인 WHO World Health Organization에서도 인간의 건강에 대해 다음과 같이 정의 내리고 있다. "건강이란 질병이나 질환이 없을 뿐만 아니라, 신체적, 정신적, 사회적 및 영적으로 온전하게 활동하는 상태를 말한다." 다시 말하면, 건강한 상태라고 하는 것은 몸과 마음뿐 아니라 영적인 측면에서도 온전해야 한다는 말로, 이전에는 크게 주목하지 않았던 영적 건강에 대해서도 전 세계적인 관

심과 연구가 이루어지고 있다고 할 수 있다.

댄스테라피Dance Therapy 분야에서도 인간의 심리적인 역동과 삶의 초기 기억을 주로 다루면서 페르소나와 그림자를 다루어 자아통합을 지향하는 정신분석, 생애 후반기의 새로운 삶에 더욱 초점을 두면서 몸과 자아를 넘어 자기통합을 지향하는 분석심리학뿐 아니라, 더욱 폭넓게 초월적이고 집합적인 자기인 영혼을 통합하는 초월명상이나 자아초월 심리학의 관점에서도 인간 존재를 바라보려는 시도가 일어나고 있다.

이는 서양의 심리학과 동양의 전통적인 영적 철학을 결합하여 인간 존재를 인식하는 것이라고도 할 수 있는데, 이러한 이론적인 바탕 위에 춤의 치유적인 요소를 통합한 것이 바로 춤테라피라고 할 수 있으며, 전통적인 댄스테라피와 영성을 결합한 것이라고 하겠다.

또한 댄스테라피가 주로 정신과 환자들의 심리치료를 위한 것이었다면, 춤테라피는 기능적으로 문제가 적은 일반인의 의식과 자기성장에 더 많은 초점을 두고 있다고 할 수 있다. ●

CHAPTER [5]

춤테라피
치유과정

스트레스와 긴장
정 서
내면아이와 방어

당신은 어두운 그림자를 갖고 있지만, 그것은 단지 어떤 경험에 자신의 감정을 덧붙여서 어두운 면이 보이는 것뿐이다. 과거로 돌아가서 감정을 제거하고 경험으로부터 배우라. 그러면 순수한 이유가 떠오를 것이다. 그처럼 완전한 이유를 알게 되면 직관력이 생겨난다. 완전한 직관력을 갖게 되면 완전한 이해와 평화가 찾아온다.

— 린디스

스트레스와 긴장

현대인들은 몸이 늘 피곤하다. 아무리 쉬어도 피로가 잘 풀리지 않는다. 그 이유는 뼈와 근육, 신경과 경락체계 깊숙이 박혀 있는 긴장 때문이다. 우리 몸은 긴장을 하고 난 뒤에는 이완을 필요로 한다. 원래 자연스러운 상태에서는 긴장한 만큼 이완된다. 그런데 우리는 이미 자연스러움을 잃어버렸다. 그래서 항상 긴장이 완전히 사라지지 않고 조금씩 남는데, 이것이 잔류 긴장이다. 이 잔류 긴장이 점차 축적되면 나중에는 만성 긴장이 된다. 그래서 평소에 자기도 모르게 계속 긴장할 뿐만 아니라 이완을 하기 위해 쉬어도 일정한 긴장상태는 계속 유지된다. 만성 긴장을 푸는 방법은 없을까? 사실, 해결책은 매우 간단하다. 만성 긴장을 제거하려면 반드시 적절한 긴장과 자극이 필요하다. 그냥 느슨하게 풀어져 있는 것만으로는 깊은 이완이 될 수 없다. 오히려 적절한 긴장과 자극을 주고 나면 훨씬 깊은 이완을 할 수 있다. 그리고 이렇게 될 때 자연스럽게 만성 긴장을 제거할 수 있다.

우리 몸에 적절한 긴장과 자극을 주는 가장 일반적인 방법은 운동을 하는 것이다. 운동을 하고 나면 몸과 마음이 개운해짐을 느낀다. 그것은 만성 긴장이 어느 정도 제거되었기 때문에 오는 현상으로, 일단 운동만 적절히 잘해도 평소의 건강을 유지하는 데 큰 어려움은 없을 것이다. 그런데 평소 우리가 하는 보통 운동들은 대부분 근육이나 뼈를 강화시키는 데 초점이 맞추어져 있기 때문에, 몸 깊숙이 자극을 주는 데는 별로 효과적이지 못하다. 그래서 일반적인 운동을 통해서는 뼈와 근육 깊은 곳에 숨어 있는 만성 긴장이 잘 제거되지 않는다. 만성적인 스트레스나 긴장을 효과적으로 풀기 위해서는 우선적으로 자신의 몸과 몸의 긴장상태를 잘 느끼는 것이 필요하고, 그러기 위해서는 자신의 몸 상태에 대해 민감해야 한다. 왜냐하면 만일 자신의 몸에 대해 민감하다면, 만성적이고 지속적인 긴장을 미리 알아차릴 수 있으며, 그에 대한 효과적인 방법을 쓸 수 있기 때문이다. 춤테라피의 첫 번째 원리에서 알 수 있듯이 그 이유는 몸과 마음이 서로 밀접한 관계를 갖고 있기 때문이며, 자기 몸의 긴장 정도를 잘 느끼는 사람은 자신의 마음도 잘 알 수 있는 것이다.

춤테라피는 이러한 몸과 마음의 관계를 비롯한 기본 원리를 바탕으로 마음을 치유하는 치유과정이며 몸 깨어나기, 몸 알아차리기, 몸 표현하기, 몸 나누기의 네 가지 단계로 이루어진다고 할 수 있다.

몸 깨어나기

일반적으로 대부분의 사람들은 자기 몸 각 부분의 긴장과 이완의 정도, 아픔과 편안함, 답답함과 시원함, 무거움과 가벼움 등을 잘 알지 못한다. 이런 상태가 느껴지는 것을 몸의 감각 혹은 몸의 느낌이라 하는데, 몸의 감각이나 느낌이 잘 느껴지지 않는 사람은 주로 마음이 과거나 미래로 떠다닌다. 이 말은 끊임없이 지나간 일을 걱정하거나 다가올 일에 대해 불안해한다는 말이다. 물론 지난 일에 대해 뿌듯한 마음을 갖게 될 수도 있고, 미래에 대한 희망에 부풀 수도 있다. 하지만 현재의 몸 상태를 모르면서 갖게 되는 긍정적인 느낌은, 그런 일이 가능할까와 같은 아주 작은 부정적인 생각에도 쉽게 사라진다.

그런데 자기 몸의 감각이나 느낌에 집중하게 되면, 과거나 미래의 걱정이나 불안 혹은 기억으로 떠다니지 않고 지금 여기에 편안하게 머무르고 존재할 수 있게 된다. 지금 이 책을 읽으면서 자기 가슴을 점검해 보고, 가슴이 시원한지, 답답한지, 무거운지, 떨림이 있는지를 느껴 보라. 혹 무거움이나 답답함이 느껴진다면 전혀 무거움이나 답답함이 없으면 0, 너무 무겁고 답답하여 바위처럼 느껴지면 10이라 하고 자신의 상태는 몇 점 정도 되는지 점검해 본다. 또한 가볍거나 시원하거나 환한

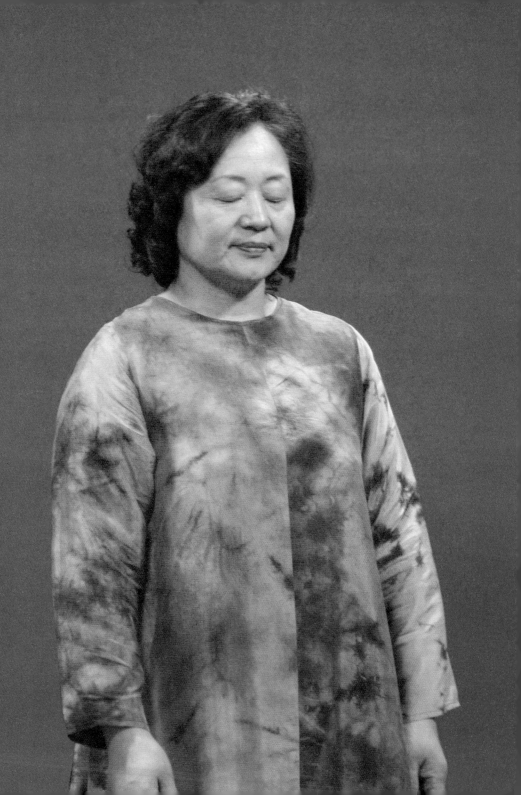

부분은 어디인지 살펴보고 그 점수를 점검해 본다.

마음이 과거나 미래로 떠다니지 않고, 지금 여기에 존재하는 몸에 집중하기 위해서는 시각, 청각, 후각, 미각, 촉각의 오감 중에서 시각의 역할이 가장 중요하다. 눈은 우리의 마음이 어디를 향하는지 보여 주는 가장 중요한 감각기관이다. 누군가와 이야기를 나누다가도 멋진 사람, 혹은 관심 있는 인물이나 사건을 방송하는 텔레비전 등의 자극이 생겨나면 시선은 곧장 그곳을 향하는 경험을 한 번쯤은 해 보았을 것이다. 이 말은 나의 시선이 향하는 곳에 곧 내 마음도 향하게 된다는 뜻이다. 시선을 자신에게 향하게 되면 자신의 몸 감각과 느낌, 생각까지 더욱 구체적이고 선명하게 바라볼 수 있게 된다. 아래에 시각을 통해 내 몸을 깨우는 간단한 방법을 소개한다.

어떤 자세에서든 상관없다.

앞을 향하는 시선을 자신의 코를 바라보는 것처럼 조금 아래로 내려 본다. 그리고 눈을 감는다. 보통 눈을 감더라도 시선, 즉 눈동자의 방향은 마치 눈을 뜨고 있을 때처럼 저 멀리 앞을 향하는 경우가 대부분이다. 눈동자의 방향을 편안하게 약간만 아래로 내려 코끝을 향하게 하면, 내 몸의 감각에 집중하는 것이 훨씬 수월해진다.

이때 내 몸에서 일어나는 감각을 하나하나 집중해서 느껴 보는 것이다.

예를 들어, 머리부터 시작해서 온몸의 각 부분을 한 군데씩 마치 눈을 뜨고 보는 것처럼 바라본다. 머리에 아픈 곳은 없는지, 목과 어깨에 긴장이나 무거운 곳은 없는지, 가슴은 답답하지 않은지, 그리고 허리와 다리를 한 군데씩 살펴본다.

몸의 각 부분을 느껴 보는 것이 끝나면, MRI 기계가 자신의 몸을 스캔하듯 내면의 의식(마음)으로 온몸을 전체적으로 느껴 본다.

마무리가 되면 천천히 눈을 뜬다.

이런 훈련을 하다 보면 가만히 멈추고 있을 때 느끼는 몸의 감각뿐 아니라, 움직임을 하면서도 그 동작에 따른 감각을 느낄 수 있게 된다.

이렇게 지금 일어나는 몸의 느낌에 집중하게 되면 점차 타인의 눈이나 시선으로부터 벗어나 온전히 자신에게 몰입하게 된다.

몸 알아차리기

몸의 감각을 느끼게 되면, 이제 몸에서 느껴지는 감각과 관련된 정서를 찾는 것이 그다음 단계다.

예를 들어, 가슴이 조이는 느낌이 들면, 그것이 긴장 혹은 불안이나 슬픔인지를 찾아보는 것이다. 그 정서를 충분히 느껴 보고 알아차리면 그것은 어느 순간 사라진다. 만일 좋아하는 사람 앞에 서서 말을 건네려고 하면, 입술이 마르고 호흡이 옅어지며 가슴이 움츠러드는 몸의 감각을 느끼게 될 것이다. 이때 이러한 몸의 감각을 알아차리고 그 순간의 정서를 충분히 느껴 행동하거나 "저 지금 무지 긴장되어 입이 마르고 숨이 차네요."라고 말을 하면, 그 순간 그 긴장이 사라지는 경험을 해 보았을 것이다. 이렇듯 몸이 이완되고 감각이 깨어나면 자기 몸과 마음(정서)이 잘 느껴진다.

몸 깨어나기를 통해 예민해진 몸의 감각과 마음으로 자유로운 춤을 추게 되면, 억눌리거나 내면에 감추어 둔 정서가 서서히 드러난다. 그리고 자신의 몸에서 기억이나 습관에 의해 몇 가지 제한된 동작이나 정서가 반복된다는 것을 알아차리게 된다.

몸 표현하기

몸 표현하기는 자신의 억압된 정서와 기억을 만나서, 그 정서가 진정
으로 표현하기를 원했던 움직임과 소리를 내는 단계다. 서울여자대학교
특수치료전문대학원에서 무용치료를 공부하면서 국립정신병원 임상을
하고 있을 때의 일이다. 내담자들이 춤테라피의 춤이라는 말만 들어도
긴장하고, 그에 대한 부정적인 인식을 갖고 있다는 것에 많이 놀라고 당
황했다. 댄스테라피에서는 춤의 자기표현과 무의식적인 움직임, 그룹에
서의 리듬을 중요하게 생각한다. 그런데 대부분의 한국 사람들은 무용
에 대해 너무나도 멀게 느끼고, 부끄럽고 두렵다고 생각하기 때문에, 일
반 내담자들에게 움직임을 통해 자신의 정서를 만나고 자유롭게 표현하
도록 하는 댄스테라피는 쉽게 접하기가 어려운 치료 방법이었다. 댄스
테라피에서는 내담자들이 움직임과 자기표현에 좀 더 쉽게 접근하기 위
해 커뮤니티댄스의 기법을 사용하여, 짧은 시간에 자신의 움직임에 집중
하게 하고 표현을 가능하도록 도와준다.

몸이 깨어나서 내면의 춤을 추면 무의식에 쌓여 있던 기억, 즉 내적으
로는 과거의 사건 및 인물과 정서가 드러나고 외적으로는 특정한 동작
을 행하게 되는데, 이때 반복적인 동작은 기억에 붙어 있던 억압된 정서
를 풀려나게 한다. 이러한 정서의 해소과정을 통해 그 정서와 연관된 기
억이 만든 패턴과 현재까지의 자기 삶을 돌아볼 수 있어야 한다. 몸 표현
하기는 자신의 삶을 이해하는 통찰과 인식이 일어나는 과정이기 때문이
다. 그런데 자신의 억압된 정서를 만나고 드러내는 과정을 끊임없이 반

복하면서 몸을 표현하는 단계에 계속 머무르는 경우가 있는데, 이럴 경우 자신의 부정적인 면에 초점을 두게 되어 삶이 행복해지는 것이 아니라 점점 힘들어지는 느낌을 갖게 된다. 왜냐하면 과거에 억압된 정서를 표현하면 할수록 끊임없이 올라오는 또 다른 정서를 만나게 되고, 그로인해 언제까지 이런 내면의 작업을 해야 하는지에 대한 회의와 자기 부정, 자신감이 사라지는 상태가 되기 때문이다.

몸 나누기

자신의 삶을 이해하는 통찰과 인식의 눈이 생기면, 내면의 부정적인 모습에 초점을 두기보다는 자신의 본래 모습, 즉 긍정적인 모습에 초점을 두게 된다. 그리고 자신에게 일어나는 정서의 원인을 이해하게 되므로, 부정적인 정서나 긍정적인 정서를 모두 받아들일 수 있게 되는 것이다. 이렇게 자신의 모습을 있는 그대로 바라보고 받아들이면서 서서히 자신과의 관계를 회복하게 된다. 자신과의 관계 회복이란, 더 이상 자신의 마음이나 행동을 분석하고 평가하거나 외면하지 않으면서 자신의

모습을 있는 그대로 수용하고 인정하는 것이다. 자기 수용과 인정을 통해 이제는 자신뿐 아니라 자신의 주변을 자기와 똑같이 대할 수 있게 된다.

　자기에게서 타인에게로 관심과 사랑이 넓어지고, 내 몸과 타인의 몸, 나와 우주의 관계를 회복하게 된다. 이러한 관계의 회복은 자기와 타인에 대한 사랑과 행복을 새롭게 느낄 수 있게 한다.

정 서

춤테라피에서 말하는 치유는 정서를 통해 자신의 모습과 삶을 이해하고 사랑하는 과정이라고 할 수 있는데, 이때 정서는 자신을 만나는 좋은 도구가 된다. 그러면 우리 인간이 갖고 있는 정서는 어떤 것이며, 그 특징은 무엇인지 알아보도록 하자. 우리가 경험하는 정서는 주로 기쁨, 슬픔, 분노, 두려움, 부끄러움이라는 기본 정서로 이루어져 있다. 우리나라 사전에는 정서의 정의를 이렇게 내리고 있다(두산백과사전, 1996).

정서(情緖)는 비교적 강하게 단시간 동안 지속되는 감정.
– 정서는 마음이 움직이고 감동된다는 점에서 정동(情動)이라고도 한다.
– 희로애락, 애증, 공포, 쾌고 등이 정서이며, 의식적으로는 강한 감정이 주가 되고, 신체적으로는 내장적인 생활기능의 변화를 수반하는 경우가 많다.

또한 1960년에 발행된 초기 프랑스어 사전의 하나인 『퓌르티에르 사전』에는 감정이 다음과 같이 정의되어 있다.

감정이란 몸과 마음에 작용하여 기질 혹은 정신 상태를 어지럽히는 독특한 운동이다. 맥박은 작은 동요로 흥분 상태가 시작되고 끝이 나는데, 일부 격렬한 운동을 할 때는 몸 전체에서 감정을 느낀다. 연인은 자신의 애인을 보며 감정을 느끼고, 겁이 많은 사람은 자신의 적수를 보면 감정을 느낀다.

이렇게 오래된 사전의 낡은 정의를 인용하는 것은, 이 정의가 현대 과학에서 정서를 정의하는 주요 특성을 내포하고 있기 때문이다.

① 정서는 하나의 운동이다. 즉, 본래의 정적인 상태에 대해 동적인 변화를 일으킨다. 다시 말하면 느끼지 못하고 있다가 갑자기 이를 느끼는 것이다.

② 정서는 온몸에서 나타나는 물리적 현상을 내포하며, 감정을 느끼면 심장박동이 빨라지거나 느려지는데 현대의 사전에서는 이러한 생리적 요소를 고려한다.

③ 정서는 정신에도 작용하여 생각의 전환을 유도하는데, 정서를 연구하는 사람들은 이를 정서의 '인지적 요소'라고 일컫는다.

이렇게 정서란 생리학적, 인지적, 행동적 요소가 동반된 우리 몸 모든 기관의 갑작스러운 반응이라고 할 수 있다.

1872년 찰스 다윈은 30년 동안 관찰한 사실을 바탕으로 출간한 자신의 책 『인간과 동물의 감정 표현 _The Expression of the Emotion in Man and Animals_』에서 37가지의 정서 상태에 이름을 붙였다. 또한 그의 연구는 인간과 동물이 표현하는 37개의 정서를 강도에 따라 주요한 정서들로 분류하여 근본적 정서에 초점을 맞추었는데, 근본적인 정서에는 기쁨, 놀라움, 슬픔, 두려움, 혐오, 분노 등이 있다. 이후 폴 에크만_Paul Ekman_은 이를 16가지의 감정으로 확장할 것을 제안하였는데, 다윈의 기본 정서에 즐거움, 경멸감, 만족감, 당혹감, 흥분, 죄책감, 자존감, 충만감, 감각적 쾌락, 수치심을 더하는 것이다.

1987년 미국의 댄스테라피스트인 조안 초도로Joan Chodorow의 남편이기도 한 루이스 스튜어트Louis H. Stewart는 원형적 정서를 슬픔, 공포, 화, 경멸 혹은 수치라고 보았는데, 이러한 원형적 정서는 삶의 기본적인 정신 위기에 대해 감수성이 있는 영혼이 되도록 일종의 자기 보호적 체계로 진화시키는 것으로 보인다고 하였다. 또한 감각(촉각, 청각, 시각, 후각, 미각, 운동 감각)과 원형적 정서(슬픔, 공포, 화, 경멸 혹은 수치, 깜짝 놀람) 사이에 심리적 관계가 있음을 제시하였다.

이러한 정서를 자세하게 설명하면 다음과 같다.

① 슬픔은 사랑하는 사람 혹은 대상의 상실에 대한 우리의 반응이다. 촉각은 상실의 충격을 경험하는 데 중요하고, 끊임없이 기다리는 것은 우리가 그리는 사람의 구체적인 존재를 향한 것이다. 사람은 자기에게 소중한 것을 잃어버리게 되면 슬픔을 느끼며, 그 슬픔은 끝이 없는 것처럼 보이기도 한다.

② 공포 혹은 두려움은 미지의 것에 대한 우리의 반응과 관계가 있다. 우리는 알 수 없는 것에 대해 두려움을 느끼게 되는데, 청각은 무형의 영역과 직접적인 관련이 있는 것 같다. 예를 들어, 어린 시절 깜깜한 밤에 화장실에 갔다 오면서 뒤에서 무언가 쫓아올 것 같은 두려움에 뒤도 바라보지 못하고 뛰어서 방으로 돌아온다거나 하는 것이다. 또는 다가올 미래에 대해 알지 못해 막연한 두려움을

슬픔

두려움 1

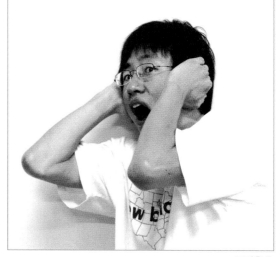

두려움 2

갖기도 한다. 사람들은 무서우면 대개의 경우 두 손으로 귀를 막는 것을 볼 수 있다. 공포의 순간에는 시간이 정지된 것처럼 보이며, 심장의 두근거림, 근육의 떨림, 어깨가 움츠러드는 현상이 함께 나타난다.

③ 분노는 공격에 대한 자기 보호와 관련이 있으며, 우리의 자율성을 위협하는 사람이나 물건에 대해 방어할 때 나타나는 정서라고 할 수 있다. 시각은 그 위협을 확인하고 그것에 대해 자신을 방어하는 중요한 능력으로, 이때 폭발적인 에너지, 열, 긴장을 느끼게 되는데, 눈은 고정되고 코는 벌어지며 입술은 열리고 꼭 문 이가 보인다. 물고, 때리고, 발로 차는 등 할 수 있는 모든 방법을 동원해서 공격하고 싶어 한다.

④ 경멸 혹은 수치감은 자신이나 타인을 수용할 수 없거나 무가치하다는 사실을 알게 되는 평가적인 반응과 관계가 있다. 경멸감과 유사하게 후각은 외부의 다른 것을 좋다 나쁘다고 평가하게 된다. 수치심과 유사하게 미각은 자기 안에 있는, 즉 입 안 혹은 위 속에 있는 어떤 것의 좋고 나쁨을 평가하는 것이다. 이러한 경멸, 수치심의 경우 입술이 비틀리고 코에 주름이 잡히게 되며, 더럽고 냄새나는 대상으로부터 멀리 피하려고 하거나, 수치감에 어색해하고 몸부림치기도 한다.

분노 1   분노 2

경멸감 1   경멸감 2   수치심

⑤ 깜짝 놀람은 정향과 재정향, 즉 제자리로 돌아오게 하는 중심적인 정서다. 이것은 예기치 않은 것에 대한 우리의 반응으로, 본능적인 신체 수준에서 운동 감각적이고 자기 자극에 대한 수용 감각은 우리가 중심을 잡고 적응하게 해 준다.

내면아이와 방어

그런데 춤과 움직임, 언어를 통해 정서를 만나고 표현할 때 주의할 점이 있다. 그것은 바로 자신이 지금 만나고 있는 정서가 원정서인지, 방어에서 나오는 2차 정서인지를 구분할 수 있어야 한다는 것이다. 가족세우기를 만든 헬링거Hellinger 박사는 이렇게 사람을 단순히 지치게 하고 끝없이 계속되는 감정을 2차 정서라고 불렀다. 이러한 2차 정서는 고통스러운 현실을 회피하고, 깊은 정서를 덮어 버리는 경향이 있는데, 그 이유는 2차 정서가 현실을 받아들이기보다는 무언가 변화를 바라는 욕구에서 나오며, 그 욕구가 대개 다른 사람을 향해 있기 때문이다. 이에 반해 내면아이의 원정서는 사건에 대한 직접적인 반응이며, 지속기간이 짧고 욕구의 표현이 자신의 내면으로부터 나오는 것이 2차 정서와 다른 점이라고 할 수 있다.

예를 들어, 어떤 사람이 아버지에 대해 분노를 느꼈을 때, 그 정서를 소리나 몸짓으로 표현하고 나면 아버지에 대한 그 마음이 가라앉고 심지어는 미안한 마음이 들기도 하는데, 며칠이 지나지 않아 다시 아버지에게 화가 난다고 하면 그것은 대개 2차 정서일 경우가 많다. 왜냐하면 그 분노는 아버지에게 정말로 화가 났다기보다는, 아버지가 자신을 돌봐 주거나 이해해 주지 못한 것에 대한 방어기제로서의 분노일 경우가 많으며, 그럴 경우 원정서는 충분히 이해받거나 돌봄을 받지 못한 슬픔일 수 있다. 일반적으로 특정한 정서는 어떤 대상으로 인해 생겨나는 것이지만, 자기 내면의 느낌을 가리켜 내면아이의 원정서라고 하고, 그 정서로 인해 혹은 자신이 그 정서를 느끼지 않기 위해(방어) 사용하는 정서를 2차 정서라고 한다. 어떤 자극을 받았을 때 우리는 보통 내면에서 원정서를 느끼지만, 그 정서로 인한 과거의 상처 때문에, 즉 어린 시절 자신이 감당하기에 너무 과도했던 정서로 인해 생긴 생존의 수단인 자기 방어의 방법으로 자신의 정서를 타인에게 투사하거나 다른 식으로 해석하고 행동하는 2차 정서로 표현하는 것이 대부분이다. 그리고 이러한 2차 정서를 자신이 느끼고 있는 원정서라고 착각하기도 한다. 그 이유는 원정서가 자극되었을 때, 방어기제인 2차 정서로 아주 순식간에 옮겨 가기 때문에 2차 정서를 원정서라고 느끼는 것이다. 물론 이러한 2차 정서 역시 자신의 자아가 튼튼해지기 전, 즉 자신의 두 발로 온전히 설수 있을 때까지 생존과 개별화를 위해 꼭 필요한 것이다.

원정서와 2차 정서의 메커니즘과 이러한 정서가 관계 맺기에 미치는 영향 그리고 행복한 관계를 맺기 위한 방법에 대해서는 춤테라피 프로그램 중 '춤과 치유' 부분에서 자세히 다룰 것이다.

정서에 익숙해지거나 정서를 바꾸는 것이 아니라 관점을 바꾸는 것이다.

과거의 정서는 없다.

과거나 미래를 느끼거나 볼 수 없는 것처럼

우리가 경험하는 과거의 기억에 묻힌 정서라고 하는 것도 실은

현재 나에게 영향을 주고 있는 정서일 뿐이다.

우리는 질병을 과거의 사건으로서가 아니라

오늘날까지 미치고 있는 힘으로 여겨야 한다.

– 프로이트

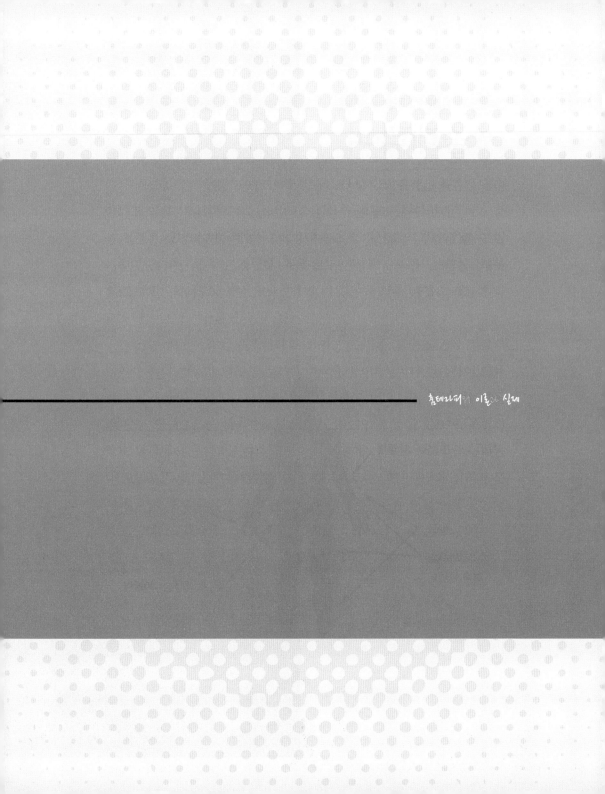

훌륭라떼의 이론과 실제

CHAPTER 6

춤테라피
프로그램

춤과 마음
춤과 셀프
춤과 라이프
춤과 치유

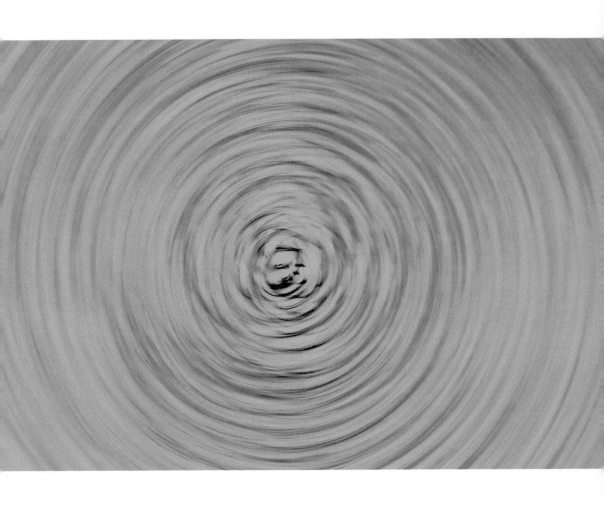

본래의 존재는
오로지 순수의식이 흐르는 내면의 춤 상태입니다.
- 미상

춤과 마음

춤테라피의 프로그램은 내적 치유와 삶의 역동성을 얻게 하는 데 그 목적이 있으며, 움직임을 통해 자신의 삶과 관계 패턴을 탐색하고 창조적으로 삶을 변화시키는 과정으로 이루어져 있다. 여기에서는 춤테라피 프로그램 중 하나인 '춤과 마음'의 실제적인 내용을 회기별로 소개하였다. 이 프로그램은 전체 7회기로 구성되어 있으며 자기 몸과 마음의 탐색을 통해 내적 감각과 정서를 알아차리고, 자신의 삶과 관계 패턴을 탐색하며, 내적인 힘을 회복하여 건강한 대인관계를 통해 창조적인 삶으로 변화시키는 과정으로 이루어져 있다.

일반적으로 첫 번째 회기는 오리엔테이션과 그룹원의 소개 및 프로그램 안내로 구성되어 있기 때문에 자세한 내용은 생략하였고, 2회기에서 6회기까지의 프로그램을 자세히 소개하였다. 각각의 회기는 모두 준비단계(워밍업), 주제, 나눔의 구조로 이루어져 있다.

회 기	주 제	내 용
1	오리엔테이션	참여자 소개, 참여 동기
2	몸과 마음의 이완, 자기 탐색 I – 알아차림	몸으로 인사, 털기 춤, 몸 느끼기
3	자기 탐색 II – 춤으로 만나는 나의 삶	수축과 확장, 씨앗에서 꽃 피우기
4	내면의 힘과 사랑 경험하기	사랑의 공, 마라카스를 이용한 춤
5	관계 I – 건강한 관계 이해하기	손바닥 따라 하기, 거울 춤
6	관계 II – 존재하고 표현하며 함께 나누는 삶	고리 만들기
7	행복하고 창조적인 삶 – 일상을 춤으로	일상 움직임, 창조적인 나의 삶

[1회기]

오리엔테이션을 하고 나서 그룹원이 돌아가며 자기를 소개하고, 참여 동기를 말한 다음 안내자는 프로그램 일정과 주의할 점을 안내한다.

[2회기]

자기 탐색을 위한 몸과 마음의 준비단계다.

그룹원들이 몸의 각 부분으로 서로에게 인사하면서 친밀감을 높이고, 단순한 움직임을 이용하여 긴장을 풀어 온전한 이완을 경험하게 한다. 몸과 마음의 이완 상태를 유지하면서, 몸에 남아 있는 무의식적인 긴장과 정서를 느껴 본다.

전체 목표: 몸과 마음의 이완, 자기 탐색 I – 알아차림

내용:

■ 준비단계 warm-up, 天人地

준비단계는 보통 신체의 각 부분을 이완하는 움직임으로 이루어져 있다. 몸의 각 부분을 이완하여 신체적, 심리적으로 춤에 들어가기 위한 준비단계다.

① 목 이완–세상 바라보기

목에 힘을 빼고 앞, 오른쪽, 뒤, 왼쪽으로 앞에서부터 천천히 원을 그리며 돌린다. 반대쪽으로도 돌려 준다.

② 어깨 이완–사랑 나누기

양쪽 팔꿈치로 큰 원을 그리며 어깨를 돌려 준다. 반대 방향으로도 돌린다.

③ 가슴 이완–몸 열기

양손을 벌려 호흡을 들이쉬며 가슴과 시선은 하늘을 바라본다.
벌렸던 양손을 배 쪽으로 오므리며 호흡을 내쉰다. 가슴과 시선은 땅을 바라본다.

④ 허리 이완–마음 움직이기

양손은 허리에 놓고 허리를 이용해 숫자 8을 옆으로(∞) 그려본다. 혹은 허리를 이용해 한쪽 방향으로 작은 동그라미부터 시작해 큰 동그라

미를 그려 본다. 방향을 바꿔 동그라미를 그린다.

⑤ 골반 이완 - 자연 리듬타기

양손은 허리에 놓고 골반을 오른쪽, 왼쪽, 옆으로 번갈아 밀며 무릎을 굽혀 준다.

⑥ 등배 이완 - 호흡하기

머리에서부터 천천히 밑으로 상체를 숙이고, 올라올 때는 반대로 머리가 맨 나중에 올라오며 허리에 손을 놓고 소리를 내며 머리와 함께 몸통을 뒤로 젖힌다.

⑦ 몸통 이완 - 몸, 마음 하나 되기

오른쪽 다리를 앞으로 내놓고, 두 팔도 앞으로 뻗은 상태에서 몸통을 오른쪽으로 돌린다. 그리고 다시 제자리로 돌아왔다가 왼발을 앞에 내놓고 몸통을 왼쪽으로 돌린다. (앞에 나와 있는 발의 방향 쪽으로 몸통을 돌리는 것이다.) 이를 오른쪽, 왼쪽 번갈아 가면서 여러 번 반복한다.

■ 몸으로 인사하기

목표: 신체 부분의 접촉을 이용한 만남과 헤어짐의 움직임을 통해 친밀감 형성하기

준비단계가 끝난 뒤 음악에 맞추어 무릎을 흔들면서 모든 공간을 충분히 걸어 다니다가 그룹원과 만나면 몸의 각 부분으로 인사한다.

① 손가락으로 인사하기

두 번째 손가락을 펴서 상대방의 손가락과 마주 대고 좌우로 흔들어 움직인다. 이때 눈은 상대방의 눈을 쳐다보며 손가락으로 충분히 인사를 나눈 뒤 헤어진다. 다른 사람과 손가락으로 인사를 한다. 이때 손가락만 움직이는 것이 아니라, 무릎을 흔들면서 경쾌하게 움직인다.

② 어깨로 인사하기

서로의 어깨와 어깨를 접촉한다. 서로의 눈을 마주보면서 어깨를 아래위로 흔들고 비벼 움직여 본다. 이때 무릎을 가볍게 흔들어 준다. 이번에도 충분히 상대방과 만난 뒤 헤어져서 다른 사람을 만난다.

③ 등으로 인사하기

걷다가 눈이 마주치는 사람과 서로의 등과 등을 마주 댄다. 두 팔을 하늘로 높이 들고 팔을 아래위로 움직여 주면서 상대에게 닿아 있는 등을 움직이며 흔들어 본다. 등 전체가 움직여질 수 있도록 등의 모든 부분을 골고루 움직인다. 헤어질 때에는 상대방과 호흡을 잘 맞추어 천천히 등을 떼도록 한다. 갑자기 등을 떼면 뒤에 있던 사람이 당황스러울 수 있다. 충분히 상대방과 만난 뒤 다른 사람을 만나 몸인사를 한다.

④ 온몸으로 인사하기

손가락에서 시작하여 몸의 각 부분(손, 팔꿈치, 발, 머리, 엉덩이 등)을 하나씩 만날 수 있도록 한다. 그룹원들이 음악에 맞춰서 충분히 서로의 몸으로 만났다고 느꼈을 때 안내자는 몸의 다른 부분을 불러 주면서, 서로의 눈을 바라보고 무릎을 흔들도록 한다. 여러 신체의 부분 가운데서 특히 등으로 만나기를 충분히 할 수 있도록 한다.

■털기 춤
목표: 심리 정서적 긴장 이완하기

일상의 스트레스는 우리 몸에 저장되어 있다. 몸을 이완시켜 주고 근육의 긴장을 풀어 주는 털기 춤은 신체에 쌓인 심리적, 정서적, 신체적 긴장과 스트레스를 제거해 주는 가장 효과적인 춤이다.

① 내 앞에 비눗방울이 가득 있다고 생각하고 손가락으로 그 비눗방울을 톡톡 치듯이 손가락을 털어 준다. 팔을 쭉 펴서 아주 멀리 털어 보기도 한다. 다음에는 방향을 바꾸어서 위, 아래, 좌, 우, 앞, 뒤, 대각선 등 다양한 방법으로 손가락뿐 아니라 발로도 비눗방울을 터트려 준다. 동시에 양손을 같이 사용하여 털어 줄 수도 있다.

② 둘씩 짝을 지어 마주 보고 털어 준다.
자신이 지금 가장 스트레스를 받고 있는 대상을 떠올리면 더욱 강한 감정으로 털기를 할 수 있다. 그런 대상이 상대방 주위에 있다고 생각하고 다양한 방향으로 강하게 털어 준다. 이때 너무 가까이에서 털기를 하면 상대방을 때릴 수도 있기 때문에, 서로의 간격을 유지하면서 최대한 크게, 멀리, 다양한 방법으로 흔들어 준다. (이때 한 방향을 최소한 8회 정도 반복해야 서로 부딪히지 않는다.)

③ 가까이 있는 사람 4명이 모여서 원을 만들고, 소리와 함께 온몸으로 힘껏 털어 본다. 나를 힘들게 하는 장애물이 원의 중심에 있다 생각하고 힘껏 털어 준다.

■ 몸 느끼기(바닥에 누워서)
목표: 바닥에 누워서 신체의 각 부분을 알아차린다.

① 털기 춤으로 숨이 빨라지고 몸에서 열과 땀이 나며, 힘들 정도로 몸이 충분히 이완되면 바로 바닥에 눕는다. (이때 조명은 어두울수록 좋으며, 말은 하지 않는다.)

② 누워서 긴장을 푼 다음 자세가 편한지를 확인한 후 눈을 감는다. 온몸을 완전히 바닥에 맡기고, 호흡과 흐르는 땀, 뛰는 가슴을 느껴 본다. 바닥 아니 지구의 중력을 느껴 보고 거기에 자신의 몸을 맡긴다. 자신의 머리를 느껴 본다. 눈, 귀, 코, 입, 턱, 눈 속……. 눈은 아주 깊은 웅덩이와 같다. 그 동굴에 동그란 눈동자가 편안히 쉬고 있다. 입이라는 동굴에서는 혀가 아주 부드러워진다.

머리 뒷부분은 8개의 뼈로, 얼굴은 14개의 뼈로 이루어져 있다. 머리뼈가 부드러워지게 한 다음, 따로 움직이게 내버려둔다. 그 사이로 빛이 들어온다. 머리뼈가 뇌를 가볍게 받치고 있다. 뇌는 아주 부드러운 조직으로 되어 있다. 호흡으로 머릿속을 가득 차게 한다. 머리 전체가 모든 방향으로 열린다. 위, 아래, 앞, 뒤, 옆으로 보는 것, 듣는 것, 말하는 것,

냄새 맡는 것, 감각…….

등으로 내려가면서 목을 느껴 본다. 7개의 목뼈를. 등은 아주 넓다. 팔이 쉴 수 있게 해 주는 어깨, 그리고 견갑골. 다음은 팔이다. 팔은 길다. 각 관절의 유동적인 부분을 상상해 보라. 팔은 구부러지고 퍼진다. 다시 몸의 중심을 향해, 손가락 끝까지 아주 크게 등뼈 하나하나를 천천히 다리 쪽으로 내려가면서 느껴 본다. 골반(엉덩이뼈)은 둥그렇고, 아래로 아래로……. 다리는 아주 길다. 골반 뼈에 연결되어 무릎과 발, 발가락, 뒤꿈치, 발목, 복사뼈……. 양쪽 발에 힘을 주어 완전히 오므렸다가 잠시 후 바닥에 내려놓고 긴장을 풀어 준다. 다음은 다리를 최대한 긴장시켰다가 바닥에 내려놓는다. 다음은 엉덩이, 손, 팔을 같은 방법으로 한다. 마지막으로 어깨를 귀 쪽으로 잔뜩 올렸다가 천천히 내려놓는데 그때 호흡을 내쉰다. 이제 심호흡을 하고 나면 몸이 바닥에 녹아내리기 시작한다. 끝없이 바닥으로 스며들게 내버려둔다.

어느새 흔들흔들 파도에 쓸려 해변으로 왔다. 따사로운 햇살이 쏟아진다. 햇살을 충분히 느껴 본다. 이제 서서히 의식이 돌아온다. 내 발, 다리, 엉덩이, 손가락 하나하나, 팔, 목, 어깨 모두 느껴진다. 천천히 다리로부터 허벅지, 엉덩이, 허리, 어깨, 팔, 머리 순으로 움직여 본다. 지금 내 몸의 각 부분 중에서 불편한 곳 혹은 긴장하고 있는 곳은 없는지 자신의 몸을 느껴 본다. 몸을 반으로 나누었을 때 오른쪽이 더 무거운지, 왼쪽이 더 무거운지 혹은 오른쪽이 더 멀게 느껴지는지, 왼쪽이 더 멀게 느껴지는지 느껴 본다.

③ 이제 눈을 뜨고 제일 먼저 눈에 들어오는 것을 바라본다.

좌우로 보이는 것, 천정 형광등, 벽의 무늬 그림 등…….

④ 손과 발을 조금씩 움직여 보며 준비가 되면 서두르지 말고, 몸을 옆으로 돌려 천천히 일어난다. (일어나기 전에 손가락, 발가락을 천천히 움직여 보고, 준비가 된 사람은 천천히 기지개를 켜도 좋다.)

■소감 나누기

① 두 명씩 짝이 되어 바닥에 누웠을 때의 느낌을 이야기한다.

② 몸의 어느 부분이 긴장되거나 더 무겁게 혹은 더 멀거나 가깝게 느껴지는지에 대한 느낌을 나눈다.

[3회기]

자연의 모든 것은 탄생과 죽음을 경험한다. 꽃이나 나무로 삶을 상징화하면 무의식적인 긴장을 잠시 내려놓고 자신의 삶을 탐색해 볼 수 있다.

전체목표: 자기 탐색 II – 춤으로 만나는 나의 삶

내용:

■수축과 확장: 호흡 연습하기

목표: 호흡과 움직임을 일치시켜 몸을 가장 크거나 작게, 다양한 방향
　　　으로 확장하기

둘씩 짝이 되어 A, B를 정한다. A는 자신의 호흡에 따라 팔을 위와 아래로 움직인다. B는 A의 손 움직임을 보면서 가슴을 펴고 오므리며 온몸으로 호흡을 해 본다. A의 팔이 올라가면 B는 들숨에 따라 가슴을 펴고, 팔이 내려가면 날숨을 쉬면서 시선은 자신의 배를 바라보고 몸을 수축한다. A와 B의 역할을 바꾸어서 해 본다. 이제 온몸을 이용하여 크게 수축하고 확장해 본다.

■ 씨앗에서 꽃 피우기
목표: 움직임으로 자신의 삶을 탐색하기

먼저 한쪽 손을 앞으로 뻗어 들숨에 손을 펴고, 날숨에 손바닥을 오므리는 식으로 호흡에 맞추어서 연습을 해 본다.

① 자신의 꽃이나 나무 떠올리기
안내자는 참여자에게 눈을 감고 자신이 이 세상에 꽃이나 나무로 다시 태어난다면, 어떤 꽃이나 나무가 될지 떠올리게 한다.

② 씨앗에서 꽃이나 나무 되기
차가운 땅속의 조그만 씨앗이 봄비와 따스한 기운을 받아 서서히 물을 흡수한다. 씨껍질이 점차 부드러워져 씨앗에 물과 양분이 들어오면 천천히 싹이 트기 시작한다. 그 싹이 땅으로는 뿌리를 내리면서, 하늘을 향해서는 땅을 뚫고 올라간다. 떡잎이 한 장, 두 장 생겨나면서 태양을

향해 더욱더 커져 간다. 뿌리는 양분과 물을 찾아 멀리 뻗어 간다. 줄기도 튼튼해져 가고 잎도 무성해져 간다.

③ 꽃 피우기

이제 바람과 비와 태양과 땅의 온기로 자신만의 꽃을 피우기 시작한다. 한여름의 태양 그리고 바람과 춤을 추는 꽃.

손가락을 꽃잎이라고 생각하면서 호흡에 따라 그 꽃잎이 퍼졌다 오므라들게 해 본다. 손가락으로 하는 것이 익숙해지면 이제는 손과 팔을 함께 해 본다. 숨을 들이쉴 때 팔과 팔꿈치를 쭉 펴 주고, 내쉴 때는 손과 팔과 팔꿈치를 오므리면서 천천히 가슴 쪽으로 손과 팔을 끌어당기듯 모아 준다. 이제는 양팔, 몸통을 이용하여 자신의 꽃을 피워 본다. 마지막으로 일어서서 온몸으로 수축과 확장을 해 보는데, 가장 확장되었을 때와 최대한 수축하였을 때는 잠시 정지하여 머물러 주는 것이 좋다.

＊다양한 방향으로 수축, 확장할 수 있도록 도와준다.

④ 땅으로 돌아가기

이제 자신의 꽃을 다 피웠으면, 열매나 씨앗을 맺는다. 가을 햇살에 열매를 충분히 키우고, 차가운 바람이 불어오면 씨앗이 땅에 떨어진다. 씨앗은 흙과 바람을 따라 땅속으로 돌아간다. 겨울 바람에 낙엽이 쌓이기 시작한다.

■소감 나누기

　모든 회기의 소감 나누기는 다른 사람을 평가, 진단하기보다는 자신이 경험한 것과 자신의 생각, 느낌을 나누도록 한다.

전체 목표: 내면의 힘과 사랑 경험하기

내용:

■사랑의 공

목표: 내면의 사랑 경험하기

① 준비단계로 그룹원들이 공을 가지고 자유롭게 놀 수 있는 시간을 갖는다.

② 두 명씩 짝을 정하고 A는 편안하게 엎드려 자신의 온몸을 바닥에 내려놓는다. B는 눈을 감고 공을 가슴에 안은 채 자신의 가슴 깊은 곳에 있는 사랑을 느껴 보고, 그 사랑을 공에 듬뿍 담는다. 이제 천천히 A의 등에 사랑의 공을 내려놓고, 천천히 공을 굴리면서 공에 담겨 있는 사랑이 짝의 온몸에 채워지게 한다. 때로는 공을 약간 강하게 누르기도 하고, 멈추기도 하면서 어깨, 목, 팔, 등, 다리까지 온몸에 사랑을 전한다. A는 온몸의 긴장을 풀고 B가 전해 주는 사랑을 모두 받는다. 천천히 마무리를 한다. B는 공이 멈출 곳을 정하고, 혹시 아직도 공에 사랑이 남아 있다면 모두 전해 준다. 이제 사랑의 공을 아주 천천히 A의 몸에서 떼어 낸 후 B의 가슴으로 가져온다. A는 자신의 몸을 충분히 느낀 후 천천히 일어나 앉고, B는 자신의 가슴속 깊은 곳에 살아 숨 쉬는 사랑을 다시 느껴 본다. 안거나, 손을 잡거나, 눈을 바라보는 등의 비언어적인 표현을 이용하여 자기 짝에게 감사의 마음을 전한다. 역할을 바꾼다.

■마라카스를 이용한 춤

목표: 내면의 힘을 경험하고, 자신감 회복하기

① 그룹원 모두 양손에 마라카스를 들고 리듬에 따라 자유롭게 움직여 본다.

② 두 명씩 마주 보고 앉아 A와 B를 정하고, A가 먼저 8박 동안 앞, 뒤, 대각선, 아래, 위의 여러 방향으로 마라카스를 흔들며 다양한 움직임을 해 본다. 이때 B는 리듬에 따라 몸을 흔들며 함께 움직인다. A의 8박자 움직임이 끝난 뒤에는 B가 이어서 8박자 동안 마라카스를 흔든다. 두 손이 함께 같은 방향으로도, 서로 다른 방향으로도 할 수 있다.

③ 일어서서 마라카스를 쥔 채 8박자씩 번갈아 가면서 온몸으로 함께 움직이다가, 두 사람이 함께 자유롭게 자기를 움직임으로 표현한다. 소리를 내도 좋다.

■소감 나누기

호흡과 함께 남성적이며 강한 움직임을 할 때의 느낌을 나누어 본다. 일상에서 자신의 욕구와 하고 싶은 일을 얼마나 자신 있게 하는지 알아차린다.

전체 목표: 관계 I – 건강한 관계 이해하기

내용:

■ 손바닥 따라가기

목표: 타인의 손을 따라가는 경험을 통해, 자신의 수동성과 능동성 탐색하기

① 둘씩 짝을 짓고 A, B를 정한다. A는 한쪽 손을 앞으로 내밀어 손가락은 하늘을, 손바닥은 상대방을 향하게 든다. B는 A의 손바닥 앞에 30cm 정도의 간격으로 자신의 얼굴을 가져간다.

② A가 리더가 되어 아주 천천히 손바닥을 움직인다. B는 A의 손바닥의 움직임에 자신의 얼굴을 고정시키고 온몸으로 움직임을 따라간다. A는 천천히, 사방으로, 바닥에 앉거나 눕기, 구르기 등 다양한 방향으로 움직인다.

③ B가 잘 따라오지 않거나 자기 마음대로 움직일 때는, A가 잠시 손바닥의 움직임을 멈추어 정지시킨다. 자신이 리더임을 다시 한 번 확인하고, 천천히 다시 움직인다. 적당한 시간이 지나면 A와 B가 역할을 바꾸어 해 본다.

■ 거울 춤

목표: 짝과 함께 움직임을 통해, 자신의 관계 패턴 이해하기

① 둘씩 짝을 지어 A와 B를 정하고, 서로 팔을 뻗어 닿지 않을 정도의 거리에 마주 보고 앉는다. A가 눈을 감고 천천히 움직이면 B는 거울이 되어 A의 움직임을 똑같이 따라한다. 이때 B의 시선은 상대 어깨 너머를 바라보아, 전체 움직임을 볼 수 있게 한다. A의 호흡에 조율한 B는 자신의 생각이나 마음을 내려놓고, 움직임을 따라하면서 A의 마음을 느껴 본다. 눈을 감고 있는 A가 오른손을 들면 B는 왼손을 들어서 마치 거울을 보고 있는 것처럼 움직인다. A와 B는 서로 역할을 바꿔서 해 보도록 한다.

② 이번에는 A와 B 모두 눈을 뜬 채, 누가 먼저 이끌고 누가 따라하는지를 정하지 않고 함께 움직여 본다. 이때 상대방에게 먼저 움직이라며 눈짓이나 신호를 보내지 않도록 한다. 느낌에 집중해 내가 움직이고 싶을 때는 먼저 이끌어 보기도 하고, 상대의 움직임을 따라해 보기도 한다.

③ A와 B는 일어선 다음, 함께 움직임이면서 서로에게서 멀리 떨어져 본다. 적당한 거리가 되면 다시 서로에게 가까이 다가간다. 거리가 아주 가까워지면, 서로의 손바닥을 마주 댄 채 눈을 감고 함께 움직이면서 지금 이 순간의 상대와 자기 느낌에 솔직하고 자신 있게 반응한다.

④ 거울 춤이 끝나면 서로의 눈을 바라보거나 안아 줄 수 있다.

■ 소감 나누기

① 움직임을 먼저 이끌 때와 따라갈 때 어느 쪽이 편했는지를 알아차리고, 짝과 함께 움직이면서 어떤 느낌이었는지 서로가 자기 몸의 감각과 정서를 이야기한다.

② 짝에게서 멀리 떨어질 때와 가까워질 때의 느낌은 어땠는지, 그리고 이 경험이 자신의 일상과 어떤 관계가 있는지를 나누어 본다.

전체 목표: 관계 II – 존재하고 표현하며 함께 나누는 삶

내용:

■ 고리 만들기

목표: 신체의 각 부분으로 여러 가지 고리를 만들어 보고, 고리를 통해 타인과 하나로 연결되어 있음을 경험하기

① 두 명이 A, B를 정하고 A가 손가락을 세우면 B는 천천히 고리를 만들어 연결시킨다. 고리를 만들거나 빠져나올 때에는 느낌에 집중하며 천천히 움직여 본다. 손가락, 양손뿐 아니라 팔꿈치, 머리, 무릎, 다리, 발 또는 바닥, 벽, 사물 등을 이용해 다양한 고리를 만들 수 있다. 짝이 나에게 고리를 만들었을 때는 잠시 멈추었다가 고리가 만들어진 후, 그 느낌을 충분히 느낀 후에 천천히 빠져나온다.

② 4명씩 할 수도 있는데, 이때는 번호를 정해 다른 사람이 움직이면 멈추고 기다렸다가 차례로 한 사람씩 움직인다. 고리 끝이 열려 있는 열린 고리를 만들 수도 있다.

③ 중앙을 표시하고 전체 고리를 만들 수 있다. 이때는 2~3명이 동시에 움직일 수 있으며, 참가자 모두 한 번씩은 중앙에 들어가 보도록 안내한다. 끝날 때 잠시 머물러 느껴 보고 가장자리 사람부터 천천히 고리를 풀고 나온다.

④ 이제는 혼자만의 자리로 가서 주변의 공기, 바닥, 벽, 자신의 신체 각 부분과 함께 나만의 고리를 만들어 본다.

■ 소감 나누기

내가 다른 사람에게 고리를 만들 때와 다른 사람이 내게 고리를 만들 때의 느낌을 이야기해 보고, 전체와 각자 자신만의 고리를 만들 때 그 느낌이 자기 삶에서 다른 사람들과의 관계를 맺는 방식과 어떤 연관이 있는지 나누어 본다.

7회기

전체 목표: 행복하고 창조적인 삶—일상을 춤으로

내용:

■ 일상 움직임(짝과 함께하는 일상 움직임)

목표: 일상의 모든 움직임들을 춤으로 표현하여 자신의 리듬과 동작을 알아차리기

① 천천히 공간을 걸어 다니면서 아침에 일어날 때부터 잠자리에 들때까지 하루의 일상을 떠올리고, 그때의 구체적인 동작을 직접 움직여 본다. 기지개, 양치질, 설거지, 운전, 타이핑, 머리 긁기, 다리 떨기 등 습관이나 버릇 혹은 일상 움직임 중에서 세 가지를 찾는다.

② 2명씩 짝을 지어서 A는 자신의 세 가지 움직임을 반복해서 B에게

보여 준다. B는 A의 움직임을 충분히 보고, 그 동작을 좀 더 크고 밝게 바꿔 준다. 도저히 바꿔 주기 힘든 동작은 새로운 동작으로도 바꿔 줄 수 있다. 서로 역할을 바꾼다.

③ 원래의 일상 동작과 짝이 바꿔 준 움직임을 하고 난 후의 느낌, 소감을 서로 나눈다.

■ 창조적인 나의 삶(일상 움직임을 춤으로)

① A팀과 B팀으로 나누어 A팀원들은 자신의 짝이 바꿔 준 세 가지 동작을 아주 크고 느리고 빠르게 바꿔 보는 연습을 한다.

② A팀이 먼저 나와서 자신이 원하는 곳에 서거나 앉은 다음, 음악이 시작되면 아주 크고, 느리고, 빨라진 자신의 세 가지 동작을 순서에 상관없이 반복적으로 마음껏 표현해 본다. 음악이 끝나면 천천히 움직임을 멈춘다.

③ B팀은 A팀 참여자들에게 지지와 응원의 소감을 나누어 준다.

④ 역할을 바꾸어 B팀이 자신의 일상 움직임을 예술적으로 창조한다.

■ 소감 나누기

일상 움직임은 자신의 삶을 반영하는 것이다. 움직임이 바뀌었을 때의 느낌을 함께 나누어 보고, 일상에서 자신의 삶을 어떻게 창조적으로 바꾸어 볼 수 있는지 나누어 본다.

춤과 셀프

춤테라피 2단계인 춤과 셀프Self는 춤을 통해 자기 내면의 감각과 정서를 온전히 만나고, 몸과 마음을 넘어 내면 깊은 곳에 있는 본래의 나를 경험하는 프로그램이다.

춤과 셀프의 주된 방법은 가브리엘 로스의 다섯 개의 리듬, 흐름Flowing, 스타카토Staccato, 혼돈Chaos, 영혼의 노래Lyrical, 침묵의 춤Stillness이다.

댄스 테라피스트 메리 화이트하우스가 말한 "내가 움직인다(I move)."와 "내 안에서 움직임이 일어나는(I am moved)" 과정과 마찬가지로 다섯 개의 리듬을 통해서 '내가 춤을 추는' 단계에서 '춤이 추어지는' 상태로, 그리고 내면의 참 자아를 만나서, 춤추는 나는 사라지고 춤만 남는 침묵의 춤과 고요함을 경험하게 된다.

이러한 상태에서는 그동안 나의 성격과 특성을 가진 에고가 실체나 주체가 아니라는 각성이 일어난다. 이러한 에고 혹은 자아에 대한 각성이 일어나면 자기한계와 자기규정, 자기방식, 자기세계를 벗어나서 자연과 우주와 하나 되는 경험이 일어난다. 이 순간 저 내면 깊은 곳으로부터 홀연히 떠오르는 신성과 만나게 되는데, 그 신성이 '참나' '셀프'라는 사실을 깨닫고 받아들이며 몸으로 경험하게 된다.

춤테라피에서 내면의 이러한 침묵과 고요함을 경험하는 것은 아주 중요하다. 왜냐하면 춤을 추면서 드러나는 정서를 만나고 표현하고 이해하기 위해서는 자기 내면의 힘, 즉 정서와의 동일시를 끊고 그 정서가 기억과 생각으로부터 일어나고 사라지는 하나의 상태라는 것을 바라보는 힘이 필요하기 때문이다. 이것은 마치 초등학교 어린아이가 밤에 혼자 밖에 있는 화장실에 다녀오면서 갑자기 무서워지면, 엄마나 아빠의 얼굴 혹은 불빛을 보기 전까지는 두려워서 아무 소리도 내지 못하는 것과 같다. 그렇지만 환하게 불이 켜진 안방이나 부모님의 얼굴을 보는 순간, 뒤를 돌아보며 어두움에 대고 소리칠 수 있는 것은 무서웠던 것에 대항할 수 있는 힘이나 안전함이 느껴지기 때문일 것이다. 그래서 자기 내면의 힘든 정서를 직면하고 표현할 때에도, 자기가 안정감을 느낄 수 있는 내면의 힘이나 편안함을 갖고 있으면 그 정서를 다루기가 훨씬 수월하다.

춤과 라이프

삶의 문제를 행복한 관계와 순간의 알아차림으로 확장하는 프로그램이다.

라이프 사이클

라이프 사이클Life Cycle은 삶의 5단계를 움직임으로 다시 경험해 보는 프로그램으로, 주로 자기 삶의 무의식적인 부분을 움직임이라는 상징을

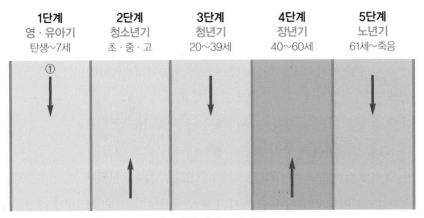

1단계 영·유아기 탄생~7세	2단계 청소년기 초·중·고	3단계 청년기 20~39세	4단계 장년기 40~60세	5단계 노년기 61세~죽음

[그림 5] 라이프 사이클

통해 이해하는 과정이다.

　여기에서 말하는 5단계는 탄생에서 2세까지의 영아기, 3~19세의 아동 및 청소년기, 20~39세의 청년기, 40~60세의 장년기, 61세에서 죽음에 이르는 노년기까지의 연령과 심리적 발달 단계에 따른 삶의 주기를 말한다.

　인간의 삶은 움직임으로 이루어져 있다고 할 수 있는데, 보통 탄생에서 2세까지의 움직임은 기억하지 못하는 경우가 많다. 그러므로 여기에서는 첫 번째 단계를 탄생에서 7세까지의 영·유아기, 두 번째 단계는 8~19세의 초·중·고등학교 시기로 구분한다. 나머지는 위에서 설명한 것과 동일하다.

① 프로그램의 도입

편안하게 앉은 다음 눈을 감고, 각각의 단계를 떠올리며 그 시기를 나타내거나 대표하는 동작, 이미지 혹은 자세를 떠올린다.

자신의 탄생과 영·유아기는 어떤 느낌인가?

가족에게 환영받는 아이인가, 그렇지 않은 아이인가?

어머니와 아버지의 사랑으로 엄마의 뱃속에 처음 들어서던 날, 그 아이는 엄마의 따스한 양수에서 마치 수영을 하듯이 이리저리 움직인다. 눈과 심장, 손과 발이 자라고 몸이 점점 커져 가던 어느 날, 아이는 어머니 자궁을 통해 세상으로 나온다.

그리고 얼마 동안 보지도 듣지도 못한 채 바닥에 누워 있다가, 엄마와 눈을 마주 친다. 마치 어머니 자궁 속에 있는 것처럼 그렇게 자기 안에 머물러 있다가 세상을 향에 손을 뻗고 눈에 들어오는 새로운 것들을 만나기 시작한다. 이건 누굴까? 이건 뭐하는 거지? 아이를 안아 주는 엄마 아빠. 눈을 마주치고 처음으로 소리를 냈을 때 신비로운 눈으로 나를 바라보시던 나의 부모님. 이제는 그 아이가 조금씩 몸을 뒤척이고 소리를 내며 기어 다니기 시작한다.

그러던 아이가 어느 날 손을 짚고 일어나서 걷기 시작한다. 그때 아이는 100% 엄마나 자신의 양육자에게 의존하게 되어 있다. 그리고 그때는 말이 아니라 느낌으로 다른 사람들의 분위기, 다른 사람들의 느낌과 상황을 파악한다. 가족이라는 관계를 통해 내가 누군지를 알아가기 시작한다. 그렇게 서너 살이 되면 친구라는 또래 관계를 만들기 시작한다.

이제는 학교에 들어가 부모님 이외에 권위 있는 사람으로서 선생님을 만나게 되고, 새로운 친구 관계도 만들어 간다. 사회는 '이러면 안돼.', '마음대로 하지 마.' 라며 자기 행동과 생각이 잘못되었다는 느낌을 갖게 하기도 한다. 이때는 다른 아이들이 나를 보고 뭐라고 하는지, 내가 어떻게 보이는지와 같은 다른 사람들의 시선이 크게 느껴지기 시작하는 시기다. 초등학교를 지나 중학교에 들어간다. 초등학교와는 전혀 다른 세상이다. 그렇게 중학교를 지나 고등학교를 졸업하면 어떤 사람은 사회로, 어떤 사람은 대학교로 들어가게 되며, 이제는 어떻게 살까를 고민하게 된다. 남에게 이래라 저래라, 이렇게 해라, 저렇게 해라 듣던 말보다 조금씩 자기의 개인적인 선택이 더 중요한 시기다. 어떤 사람을 만나고, 이럴 때는 어떻게 할까?

학교를 떠나 사회에 나오면 자유는 주어지지만 자기 일을 찾아서 해야 한다. 결혼도 하고, 아이도 키우며 어느덧 사십이 넘고 오십이 되어 간다. 삶의 속도가 점점 빨라지기 시작하고 이제는 내 삶을 정리하고 마감해야 하는 시기가 찾아온다. 알고는 있지만 내게는 절대 찾아올 것 같지 않았던 죽음이 찾아온다. 천천히 마무리하고 눈을 뜬다.

② 프로그램의 진행 방법

앞의 [그림 5] 라이프 사이클의 ①에서부터 시작하는데, 각각의 단계에서는 그 시기를 나타내고 상징하는 두세 가지 동작을 한다. 어떤 한 가지 동작을 하게 되면 그 동작이 충분히 느껴질 때까지 반복하는데, 앞뒤로 돌아다니면서 해도 좋고 제자리에서 해도 좋다. 하지만 중요한 것은 감정이 흘러나올 때까지 동작을 계속 반복하는 것이다. 감정이 충분히 흘러나오면 그 동작이 바뀌기도 한다. 그렇게 하나의 단계가 끝나면 다음 단계 앞에 서서 그 시기를 바라보면서 자신의 삶이 어땠는지를 충분히 느껴 본다. 만일 자기가 25세라면 그 이후의 단계는 마음속으로 미래의 자기 삶을 떠올려서 자신이 원하는 것, 혹은 하고 싶은 것을 동작으로 움직인다.

중요한 것은 자신이 원하는 순서에 따라 그룹원들 모두 자신의 라이프 사이클(삶의 주기)을 여행(을) 하는 것이다.

먼저 라이프 사이클을 지나 온 사람들이나 순서를 기다리는 사람들은 눈을 뜨거나 감고, 자리에 앉아서 말은 하지 않는다. 그리고 죽음의 단계까지 (삶의 주기) 여행을 마친 사람을 온 가슴으로 안아 준다.

전체 그룹원의 라이프 사이클(여행)이 끝나면, 눈을 감고 자기의 탄생에서부터 죽음까지를 가만히 마음에 떠올려 보고, 깊게 숨을 쉬면서 몸의 긴장을 푼다.

라이프 사이클(탄생에서 죽음까지 삶)을(의 주기를) 지나오면서, 가장 기뻤던 순간이나 가장 힘이 느껴지던 순간, 그 순간을 떠올리면 기분이 좋아지는 그런 시기를 마음으로 그려 본다. 온몸에 힘이 나고, 기분이 좋아지고 행복해지는 순간이나 시기가 마음에 떠오르면, 라이프 사이클을 천천히 바라보면서 그 시기에(의 라이프 사이클에) 가서 선다. 혹시 그 자리에 다른 사람이 서 있다면 그 옆이나 뒤로 가도 좋다. 그때 나의 자세 그리고 얼굴표정은 어떤지 느껴 본다. 가만히 멈추어 있어도 좋고, 움직임이 생기면 천천히 움직여도 좋다.

내가 태어나서 여태까지 만났던 모든 사람, 마음, 상황들을 가슴에 모아서 내 안으로 받아들인다. 그동안 눌러놓고 없는 척하고 아닌 척했던 마음, 그리고 그 마음과 함께 존재하던 본래의 마음, 내 안의 수많은 감정과 사랑, 그것이 슬픔이든 아픔이든 두려움이든 내 가슴이라는 커다란 그릇에 받아들여 본다. 손을 벌려서 온 가슴에 담아 본다. 내가 지금까지 만났던 감정, 사랑, 사람들. 그것이 불편하든 그렇지 않든 그것은 중요하지 않다.

나를 알아간다는 말은 가슴에 쌓여 있던 감정을 다 풀어내어 아무것도 없이 텅 비우는 것이 아니라, 그런 고통과 슬픔이 있다는 것을 만나는 것이다. 그런 두려움이 내게 있다는 것을 만나는 것이다.

심리치유의 경험이 많다고 해도, 비슷한 감정이 자꾸 떠오르게 되는데, 심리치유 작업은 나에게 불편했던 과거들을 받아들이기 위한 것이다. 지금 내가 받아들일 수 있는 만큼 받아들여 본다. 마치 태어나면서 자신의 손가락, 발가락, 엉덩이를 받아들였던 것처럼 남하고 똑같든지 다르든지 받아들이는 것이다.

지금의 느낌을 받아들인다. 어떤 느낌은 받아들이고, 어떤 느낌은 거부하는 것이 아니다. 내가 좋아하는 건 받아들이고, 싫어하는 건 거부하는 것이 아니다.

어린아이는 어떤 감정이 닥쳐오면 그걸 견딜 수 있는 능력이 아주 작다. 한 살 한 살 먹을 때마다 마치 컴퓨터에 메모리가 늘어나는 것처럼 감정을 다룰 수 있는 능력이 커진다. 지금 몸의 느낌을 잘 알아차린다. 다른 사람이 아니라 자신의 몸, 직관, 가슴을 믿는 것이다.

천천히 2~3분 정도 마무리한 후, 준비가 되면 눈을 뜨고 주위를 둘러본다.

주위에 눈이 마주치는 사람이 있으면, 눈으로 확인하고 그 사람에게 걸어간다. 그 사람이 나를 만날 준비가 되었는지 확인한다. 준비가 되었으면 상대의 눈을 바라보고 서로의 손바닥을 댄 채로 지금의 느낌을 나누어 본다.

우리 모두는 사랑이 필요하다. 우리 모두는 돌봄과 지지가 필요하다.

서로를 온 마음과 몸으로 안아 준다.

원으로 가깝게 모여 앉아 소감을 나눈다.

＊주의사항: 라이프 사이클(삶의 주기)을 여행할 때는 안경, 시계, 귀고리, 팔찌는 빼는 것이 좋다. 세션이 끝나고 나면 그룹원들끼리 세션에 관련된 개인적인 질문은 하지 않도록 안내한다.

탄 생

어머니의 자궁을 떠나서 이 세상과 처음으로 만나는 탄생은 우리 모두에게 특별한 순간이지만, 대부분은 그러한 탄생의 순간을 기억하지 못한다. 그럼에도 불구하고 어떤 이유에서든 자기 존재가 이 세상에서 환영받지 못한다고 믿거나, 심지어는 자기가 태어났기 때문에 집안에 좋지 못한 일들이 생겼다는 등 자기 존재에 대한 부정적인 느낌을 갖고 있는 사람들이 있다.

춤과 라이프의 탄생은 그룹원들의 조건 없는 지지와 함께 자기가 태어나는 과정을 의식적으로 재경험하여 한 존재가 삶을 긍정적인 상태에서 새롭게 시작할 수 있도록 도와주는 프로그램이다.

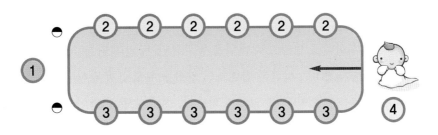

[그림 6] 탄생 프로그램

■ 프로그램 진행 순서

우선 동그란 터널처럼 생긴 천을 위의 그림처럼 바닥에 놓은 다음, ①에는 탄생을 새롭게 경험하는 참여자를 받고 안아 주는 보조 진행자가, ②열과 ③열에는 그룹원들이 앉게 한다.

가장 먼저 탄생의 과정을 경험할 참여자는 위의 그림에서 아이가 있는 위치에 가서, 배를 바닥에 대고 발을 뻗어 엎드린 상태에서 시작한다.

진행자는 ④의 위치에서 참여자가 탄생의 과정을 시작하기 전에 마음과 몸의 준비를 할 수 있도록 도와준다. 특별히 현재의 느낌과 자신이 불리고 싶은 이름을 말하게 하는데, 참여자의 이름과 현재의 느낌을 ②와 ③의 자리에 앉아 있는 그룹원들에게 이야기를 해 주어서, 참여자와 그룹원이 서로의 마음을 느끼게 해 준다.

참여자가 탄생의 과정을 시작하기 위해 터널로 들어가기 시작하면, ②와 ③의 자리에 앉아 있는 그룹원들은 자기 앞을 지나가는 참여자에게 손을 뻗어 온몸을 부드럽게 쓰다듬어 주고, 온 마음으로 '○○아! 잘하고 있어.' '힘내' '그렇지' 등의 말을 하면서 지지해 준다.

참여자가 화살표 방향으로 터널을 통과하면, 터널의 다른 쪽 끝에 있던 보조진행자(●) 두 사람은 참여자의 양팔을 부드럽게 잡아당겨 ①이 참여자를 온몸으로 안을 수 있게 도와준다. ①에게 안긴 참여자는 충분히 시간을 보낸 다음, 천천히 마무리한다.

탄생을 경험한 참여자가 ②와 ③의 자리에 앉아 있는 그룹원 중 한 사람의 등 뒤에 가서 양손을 어깨에 올려놓으면, 자신의 어깨에 손이 올려진 사람은 탄생의 시작 자리로 가게 되고 서 있던 사람은 그 자리에 앉으면 된다. 그룹원 전체가 모두 참여할 수 있도록 한다.

춤과 치유
(특별한 관계 치유를 통한 내면의 사랑 일깨우기)

사랑을 일깨우는 것은 신뢰를 배우고 회복하는 과정이다.

자신과 타인을 믿지 못하는 마음은 자기와 타인을 대하는 과거의 습관에서 생겨난다. 깊은 수준에서는 우리 대부분 타인을 믿지 못한 채 살아가는데, 그 이유는 자신에 대한 의심과 두려움으로 가득했던 어린 시절의 상처 때문이다.

아이에게는 부모의 관심과 사랑이 없는 것 자체가 상처가 된다. 아주 어린 아기는 부모의 관심과 사랑이 없으면 생존에 위협을 느끼게 되는데, 부모의 관심을 받고 살아남기 위해서 자기 자신의 욕구나 필요를 억누르면서 부모의 기대나 욕구에 맞추려고 애쓰게 된다. 아이가 부모의 기대나 욕구에 맞추려고 애씀에도 불구하고 충분한 관심과 지지를 받지 못하면, 두려움과 불신감이 생겨나게 되는 것이다.

이런 상처로 생긴 두려움과 불신으로 인해 타인을 비난하고, 무의식적으로 반응하며, 의존적이고, 요구하며, 자신을 고립시키고, 감정을 느끼지 못하거나 거짓으로 대하는 방식으로 타인과의 깊은 관계를 거부하게 된다. 결과적으로, 우리 자신이 이해받지 못하거나 거부당한다고 느끼고, 자신에 대해 긍정적인 느낌을 갖지 못하며, 건강하고 친밀한 관계를 맺지 못하는 것이다. 어떤 사람은 권위 있는 사람과의 관계에서 문제가 생기기도 하고, 생기를 잃어버리고, 수동적인 삶을 살며, 우울증과 같은 만성적인 마음의 병을 앓기도 한다. 또한 타인에 대해 불신감과 무의식적인 반응을 보이는 습관은 우리 삶에 불필요한 실망감과 고립감, 외로움을 불러온다. 이러한 상황은 주로 상처 받은 과거의 내면아이에서 비롯되며, 이것이 행복한 삶의 장벽이 되곤 한다. 내면의 사랑 일깨우기에서는 원정서가 어떻게 억압되는지, 방어가 사용되는 메커니즘과 상처 받은 내면아이는 무엇이며, 내면의 사랑 상태는 어떤 것인지 알게 되는데, 이를 통해 순수한 내면아이처럼 민감한 우리 내면의 감정을 깊게 만나 자기 자신 그리고 타인과 깊은 수준으로 소통할 수 있게 된다.

이 프로그램은 대인관계가 어려운 사람, 오래 사귀어도 깊이 만나지 못하는 사람, 빨리 혹은 자주 헤어지거나 깊이 사귀지 못하는 사람과 남녀 관계를 회복하고 싶은 사람들에게 효과적이다.

프로그램의 내용은 다음과 같다.

① 관계의 역동 이해하기
② 상처 받은 내면아이의 치유
③ 핵심 감정 만나기
④ 진실한 관계 연습하기

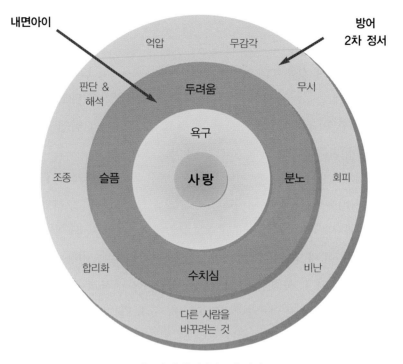

내면아이

방어
2차 정서

억압　　　무감각

판단 &
해석

두려움

무시

욕구

조종　슬픔

사 랑

분노

회피

합리화

수치심

비난

다른 사람을
바꾸려는 것

[그림 7] 원정서와 2차 정서

　위의 그림은 춤을 통한 치유의 과정을 이해하기 위해 우리 마음을 나타낸 모듈이다. 가운데에는 중심이 되는 사랑이 있고 그다음으로는 욕구가 있다. 욕구needs의 바깥에는 부정적인 원정서가 있는데 그것을 상처받은 내면아이라고도 한다. 그리고 맨 바깥에는 방어Protection라고 하는데 회피, 무시 등 여러 가지 방법이 있다.

　우리의 중심 혹은 핵심에는 예민함, 호기심, 자율성, 성 에너지, 지성, 평화로운 마음, 침묵, 연결 등이 있는데 이 모두를 가리켜 사랑Love이라

부른다. 그다음 층에는 욕구가 있는데 우리의 핵심인 사랑은 욕구로 그 자체를 드러낸다.

욕구는 삶의 기본적인 에너지로 알더퍼C. P. Alderfer는 ERG이론에서 인간에게 존재Existence, 관계Relatedness, 성장Growth의 욕구가 있다고 하였으며, 에이브러함 매슬로Abraham H. Maslow는 생리학적Physiological, 안전Safety, 소속 감과 애정Belongingness & Love, 존경Esteem, 인지와 이해Need to Know & Understand, 심미Aesthetic, 자아실현Self-Actualization, 초월Transcendence의 8단계 욕구를 말했다. 춤과 치유에서는 알더퍼의 이론 중 존재와 관계 욕구, 그리고 매슬로의 이론에서는 생리, 안전, 소속감, 애정 등 대인관계, 특히 밀접하고 중요한 대인관계에 영향을 미치는 욕구들을 주로 다루게 된다.

우리는 문화적, 사회적, 종교적으로 내면의 욕구가 좋지 않은 것이라고 배워 왔다. "울지 마! 약해지면 안 돼. 웃지 마! 바보같아 보이잖아. 아직도 엄마에게 안기고 싶어? 애도 아니고……." 그런데 이런 욕구를 무시하거나 억누르는 것은 삶의 에너지를 무시하는 것이다. 욕구 억누름의 이러한 경향은 성인의 관계에서도 자신의 욕구를 표현하기 어렵게 만든다. 만일 내가 누군가에게 "당신이 나를 지지해 주면 좋겠어요. 당신을 만나고 싶어요. 당신과 얘기하고 싶어요."라고 말하고 싶은 욕구가 있다고 하자. 이런 욕구를 솔직하게 드러내는 것은 자신의 감정에 무척 예민해지고 민감해지는 것이다. 다른 말로 하면 민감해지는 방법은 자신의 욕구를 솔직하게 표현하는 것이다.

욕구 다음 층의 정서적인 몸은 슬픔, 분노, 두려움, 수치심이 있으며 이러한 정서적인 몸을 상징적으로 상처 받은 아이라고 하는데, 과거의 상처를 비유적으로 아이라고 하는 것이다. 아주 깊은 상처일수록 어릴 적에 일어나는데, 이때는 우리가 무엇을 어떻게 바꾸거나 조절할 수 없는 상황이기 때문에 그렇다. 자기에 대한 부정적인 믿음이나 기본적인 조건화(상처)는 태어나서 5세까지 형성되고, 이런 어릴 적 상처는 정서의 형태로 남게 된다. 이러한 정서는 다양한 층 혹은 수준이 있을 수 있는데, 예를 들어, 두려움은 극도의 공포상황이거나 약간의 긴장되고 떨리는 상황일 수도 있으며, 분노는 극도의 보복감에서 짜증에 이르기까지, 슬픔도 아주 가벼운 슬픔부터 깊은 우울감이 있을 수 있다. 우리가 이런 아픔을, 슬픔을 느끼는 이유는 그런 욕구가 채워지지 않기 때문에, 즉 채워지지 않은 욕구 때문이다.

그 위에는 방어가 있는데, 이 방어는 우리 자신을 상처 받은 아이로부터 보호하기 위한 방법이며, 이를 사용하는 이유는 부정적인 느낌을 경험하기 싫기 때문이다. 또한 우리의 성적인 필요, 욕구뿐 아니라 사랑도 느끼고 싶지 않아 방어하는데, 그 이유 역시 힘들고 고통스럽기 때문이다. 첫 번째 방어의 방법으로 회피가 있는데, 그것은 마치 아무 일도 없었던 것 같은 느낌을 말한다. 화, 두려움도 없던 것처럼 생각하고, 상처 받거나 슬픈 일도 "아니야, 난 괜찮아."라고 하며, 자신의 욕구와 성적인 것도 무시하는데 이런 경우는 우리 몸하고도 연결되어 있지 않기 때문에 다리도, 발도 못 느끼며 이것이 바로 회피의 증상이다.

두 번째 주 방어는 비난Criticism으로 친구 관계나 연인 관계에서 항상 일어나는 일이다. '내가 아니라, 네가 문제야.' 관계에서 말다툼이 나면, 서로가 상대에게 잘못이 있다고 하며, 이후에는 서로의 관계가 멀어지게 되는 것이다.

세 번째는 판단Judgement 혹은 평가다. 우리 자신을 판단하는 것처럼 다른 사람도 판단하는 것으로, 그 이유는 안정성을 느끼기 위한 것이다. 다른 말로 하면 자신을 방어하기 위해서 자신을, 상황을, 다른 사람을 판단하는 것이다. "지금 저 사람이 하는 말은 잘못이야."

네 번째는 합리화Rationalization다. "이것은 화 낼 일이 아니야. 나는 좋은 사람이야. 나는 성 관계 같은 것 필요 없어. 나는 혼자도 잘해. 인간 관계 필요 없어." 어떤 사람들은 이것을 합리적인 사고라고 생각하는데, 어떤 면에서 보면 자기 합리화일 수 있으며, 내면에서는 부글부글 끓으면서 화가 날 수도 있다.

다섯 번째는 조종Manipulation 혹은 조절Control이다. 자신도 조종하고, 상대도 조종하는 것이다. 말하는 것도 조절하면서 말 안 하고 꿀꺽 삼킨다. 내면에 감춰 두는 것이다. 겉으로 꺼내기보다는 감정도 본능도 움직임도 성도 조절하는 것이다. 몸이나 감정을 조절하면 근육에 만성적인 긴장이 온다. 허리, 목, 머리가 아플 수도 있고, 성 행위를 하면서도 조절하기 때문에 오르가슴도 못 느끼고, 무감각해지는 것이다. 다른 사람도 조종한다. 남녀 관계나 사랑하는 관계에서 아주 많은 조종을 한다. 관심을 받기 위해 아픈 척을 하는 것 역시 자신이 원하는 것을 얻기 위해서 상대를 조종하는 것이다.

여섯 번째는 다른 사람을 변화시키려는 것이다. 상대가 변하면 관계가 좋아질 것이라 생각해서 목록을 적는다. 이렇게 변해야 하고, 이렇게 달라져야 하고, 최선을 다해서 그 사람을 바꾸려고 노력하지만 상대의 저항으로 이루어지지 않는다. 자기 내면을 바라보기보다는 다른 사람이 변하기를 바라는 것으로 이것 역시 방어의 일종이다. 그 누구도 자신이 원하는 대로 변할 사람은 이 세상에 존재하지 않는다. 그런 일은 꿈속에서나 가능한 일로 마치 결혼하고 나서 신혼의 단꿈을 꾸는 것 같은 상태에서 상대를 바라보는 것이다. "내 짝은 완벽한 사람이야. 꿈꾸던 왕자를 결국은 만나게 된 거야, 정말 멋져." 그런데 어느 순간 그 왕자가 개구리로 변하고 실망하게 된다. 그러면 또 다른 수준의 관계가 시작되는 것이다.

싸우는 것도 방어의 방법으로 말싸움, 수동적인 공격, 분노 속에서 움츠러드는 것을 말한다. 마치 화가 났지만 화났다고 말하지 않는 것이다. "화났어? 얼굴이 왜 그래?" "화 안 났어!" "아니 화난 것 같은데?" "화 안 났어!" 이것은 화내지 않고 앙갚음하면서 상대에게 벌을 주는 것이다. 화는 나 있지만, 말을 하지 않으며 움츠려 있는 것, 그리고 도망가거나 어디론가 사라지는 것, 숨어 버리는 것 역시 방어의 한 방식이다.

또 한 가지 방어의 방법으로는 멍해지거나 얼어붙는 것이 있는데, 다른 말로 하면 충격을 받은 채로 가만히 있는 것이다. 몸에서는 아무것도 느끼지 못하고 무감각해지는 것으로, 우리 모두는 어느 수준에서 보면 약간은 얼어붙어 있다고 볼 수 있다.

방어를 하는 내면을 들여다보면 부정적 감정으로부터 자신을 방어하는 것이다. 아마 감정이 나오지 못하도록 여러분들이 의식이 생기기 전에 그런 방어를 만들어 놓았을 것이다.

감정이 있는 곳, 그곳이 바로 상처 받은 아이가 있는 곳으로 이것을 민감성 혹은 예민함이라 한다. '민감하다'를 사전에 찾아보면 "상처 받기 쉬운"이라고 되어 있는데 춤과 치유에서 많이 사용하는 말로 우리 내면의 숨겨진 보물과 같은 말이다.

우리 자신을 치유하고, 우리가 안에 있는 민감성을 느끼고, 표현할 수 있는 것을 배우게 되면 서로 간의 깊은 친밀감을 느끼게 된다. 왜냐하면 관계는 친밀감이기 때문이다.

다른 면에서 생각하면 아주 두려운 것이기도 하다. 왜냐하면 우리가 그 감정에 대해 믿지 못하는 불안함이 있기 때문이다. 어느 순간 관계를 맺으면서 이런 경험을 했을 수도 있다. "내가 지금 예민하고 민감해져 있구나." 그러면 서로 아주 아름답게 연결이 되어 있는 것이다. 멋지고 깊은 관계가 된 것이다. 위에서 말한 그 민감성이 친밀감을 만들어 내는 보석과 같은 것이다. 민감성을 다루기 힘들어하는 것은 느낌에 둘러싸여 있기 때문이다.

왜냐하면 우리는 느낌에 굉장히 불안해하고 힘들어하기 때문에 저항이 생겨 방어를 하게 되는 것이다. 방어를 하고 있으면 안전하긴 하지만 고립감, 외로움을 느끼게 되고 무언가 떨어져 있는 느낌이 든다. 예를 들어, 부부가 30~40년 함께 살면서도 서로 낯선 사람으로 있을 수 있다. 몸은 함께 있지만 마음이 함께 있지 못하는 것, 이것은 서로의 민감한 부분에 예민하거나 섬세하지 못해 잘 느끼지 못하기 때문이다. 중요한 것은 솔직하게 그 느낌을 여는 것, 그리고 자기 느낌을 꺼내서 상처 받은 아이와 친구가 되는 것이다. 상처 받은 아이와 함께 있으면 치유도 일어나고 깊은 친밀감이 생기는데, 거기서부터 진정한 우리 자신으로 깊이 갈 수 있다. 방어로부터 마술처럼 휙! 하고 중심으로 들어갈 수는 없는 것이다. 정서, 즉 상처 받은 아이라는 문을 통해서만 중심으로 들어갈 수 있다. 움직임과 춤을 통해 몸과 마음의 방어를 내려놓고 상처 받은 내면 아이를 만나고 아이의 정서를 풀면서 욕구를 찾아서 자신의 욕구를 솔직하고 용기 있게 표현하며 서로 깊은 친밀감을 나누는 관계를 회복하는 여행, 이것이 춤과 치유다.

대상별
춤테라피의
실제

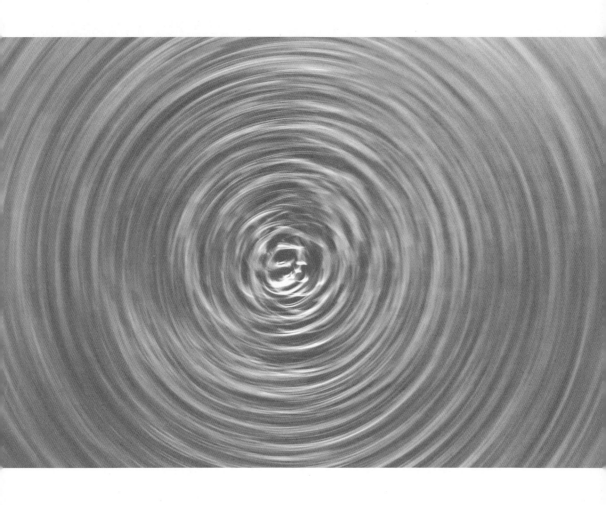

이번 장에서는 춤테라피가 실제 현장에서 어떻게 적용되는지 알아볼 것이다. 대부분의 심리치료 프로그램이 그렇듯 춤테라피 역시 그 대상의 증상이나 연령에 따라 적용되는 방법이 각기 다르다. 여기에서는 청소년과 성인부부의 그룹 세션, 그리고 내면의 움직임을 이용한 성인의 개인 세션을 소개하려고 한다.

춤테라피의 대상

춤테라피를 적용할 수 있는 대상으로는 증상에 따라 정신분열과 같은 정신질환에서 심리적인 신경증이 있는 사람, 기능적인 문제가 아닌 일반적인 심리문제를 가진 사람, 통증과 같은 신체적인 질환이 있는 사람 등으로 구분할 수 있다.

이렇듯 대상에 따라 구분을 하자면 주로 정신과 병동에서의 작업에서는 내담자들의 허약한 에고 구조 때문에 감정적인 지지와 좀 더 구조화된 형태의 표면적인 움직임을 강조하면서 심리적 발달을 도와주는 것에 중점을 두는 데 반해서, 기능적으로 문제가 없는 일반 성인의 경우에는 무의식적인 것을 드러내고 자신의 무의식을 의식화하는 것에 가장 큰 주안점을 두게 된다.

유아나 아동, 청소년, 성인, 노인과 같은 연령별 대상에 따라서도 각기 프로그램의 목표와 과정이 다르게 적용된다.

춤테라피의 범주

춤테라피는 다음의 세 가지 범주 안에서 이루어진다.

① 신체적 자아의 수용과 이해를 통해 자아개념의 향상
② 신체적·심리적 접촉으로 공유된 움직임 경험과 비언어적 의사소통을 통해 개인 간의 관계를 촉진하고
③ 창조적 과정을 충분히 경험함으로써 심적 과정의 개발로서 상상력을 통한 움직임을 이용한다.

다시 말하자면 춤테라피는 신체를 통해 자아를 인식해 나갈 수 있도록 하며 이러한 신체자각은 심리적인 활동영역을 알 수 있고 공통된 경험을 하게 되는 것이다. 또한 자신의 내부에 있는 감정들을 신체 움직임을 통해 자유롭게 표현함으로써 마음과 신체의 조화로운 통합을 이루어

내는 것이다.

이러한 춤테라피의 특징에 관한 요소로는 신체상Body image, 근육의 긴장과 이완Muscular Tension and Relaxation, 근육운동 지각Kinesthesis, 표현적인 움직임Expressive Movement이 있다.

'신체상'이란 자신의 신체와 외부세계와의 관계에서 오는 감각의 조합이다. 신체상의 감각들은 행동에 따라 다양하게 나타나게 되는데, 신체의 지각 및 조절 그리고 신체 각 부분과 몸 전체가 움직이면서 느껴지는 내적 감각을 통해 자신의 신체를 인식하고 다른 신체 부분 혹은 움직임을 구분하게 된다. 이러한 신체 자각은 자신의 행동에 대한 자각과 신체의 적절한 사용의 시작 단계가 된다. 그리고 충동과 억제의 조절과 호흡조절, 효율적인 자세유지 등은 신체상을 형성하는 요소들이다.

'근육의 긴장과 이완'은 개인의 무의식적인 정신활동이 습관적인 행동으로 표현되는 것인데, 신체적인 긴장은 정신적인 긴장과 흥분상태를 수반하기 때문에 습관적으로 경직된 신체의 부분을 인식함으로써 신체의 이완이 시작되게 된다.

'근육운동 지각'은 춤테라피에서 움직임과 정신활동과의 연관성을 생리학적으로 설명이 가능하게 하는 요소다. 근육운동 지각을 통해 신체반응을 구조적으로 설명함으로써 의사전달 수단이나 표현 수단으로서의 춤테라피의 구조적 이론이 된다. 이러한 신체감각기관에 의한 움직임의 인식은 자신감과 표현력을 향상하는 데 도움이 되며, 신체감각을 통한 움직임의 수용은 정신활동의 흐름을 인식시킴으로써 자율적인 조절 능력을 키울 수 있게 된다.

표현적인 움직임에서 인간의 표현행위는 심리상태를 직접적으로 드러내는 수단이며, 심리상태를 인지하는 기본적인 단계라고 할 수 있다. 이러한 표현적인 움직임은 언어로 표현할 수 없는 억압된 감정들이 신체 움직임을 통해 의식적, 무의식적으로 드러난다. 예술 심리치료, 특히 춤테라피에 있어서 표현행위는 인간의 마음과 직결되어 있다는 것이다. 다시 말하면 춤테라피에서는 개개인의 내면생활을 신체와 움직임을 통해 표현하는 것이 치료로써 중요한 의미를 갖고 있다는 것을 알 수 있다.

　　결국 자신의 정신과 신체의 올바른 자각을 통해 자신을 통합해 나가도록 유도하는 것인데, 이러한 과정은 자아를 발견하고 성장시키는데 큰 역할을 한다. 더 나아가면, 춤테라피를 통해 정서와 감정의 긴장상태를 순화할 수 있으며 개인의 변화를 발견하여, 현재의 움직임을 주시하고 정신과 신체가 균형 있는 통합을 이루어 가는 치료 과정 그 자체도 매우 중요하다.

그룹 세션

그룹 세션 Ⅰ

대상: 청소년
주제: '몸짓으로 만나는 우리 마음'

돈 탭스콧은 『N세대의 무서운 아이들 *Growing up Digital: Net Generation*』이라
는 책에서 청소년을 가리켜 N세대라고 하였다. N세대는 상호작용적인
의사소통을 하는 인터넷 세대라는 말이다. 일방적인 의사소통을 거부하
고 자신의 취향과 관심에 따라 정보와 교육을 선택한다.

그러므로 상호 간의 의사소통 중 80~90%를 차지하는 무의식적이며
신체적인 자기표현이나 자기 내면의 욕구를 표현하기 위해서 춤테라피
가 좋은 도구가 될 수 있다.

성장발달에 따른 청소년기 특징

청소년기는 유아기와 성인기의 중간 시기로 일반적으로 중·고등학
교 시기를 말한다. 질풍노도의 시기라고도 하는 청소년기는 이성에 대
한 관심이 많아지고, 부모로부터 독립해 나가는 시기다.

신체적 변화는 어른처럼 커지고, 성(性)적으로도 성숙하게 된다.

심리적으로는 가족보다 친구들에게 친근감과 동질감을 느끼게 되며 자주성이 강해지고 감정이 풍부해져 다양한 자기표출적인 면을 보이게 된다. 높은 수준의 추상개념을 이해하고 과학적 사고와 창의력 발달의 바탕이 된다. 문제에 대하여 논리적, 추상적 사고를 한다. 현실적으로 존재하지 않더라도 존재가 가능하다고 전제한 뒤, 그 문제의 논리적인 해결을 시도한다. 폭넓은 독서와 다양한 활동에 참여하여 자신의 세계를 넓혀 나가야 하는 시기다.

특히 청소년기는 가치관과 생활 태도 형성에 절대적인 영향을 미치는 자아정체감의 형성에 가장 중요한 시기다. 자기 자신과 인생에 대해서 깊은 관심을 가지기 시작하면서 다른 사람과는 다른 자기만의 독특한 모습을 형성해 나간다. '나는 누구인가?' '어떻게 살 것인가?'에 대해 묻고 스스로 답을 찾아 나가게 된다.

프로그램의 구성
청소년들을 위한 프로그램은 주 1회, 1시간 30분의 세팅으로 15회기 동안 진행하거나 3일의 숙박교육 프로그램으로 진행되기도 한다(〈표 1〉 참조).

1) 진행과정

〈표 1〉 청소년들을 위한 프로그램

진행과정	회 기	목 표
몸 깨어나기	1~3회기	– 몸의 각 부분 인식하기 – 몸의 느낌 깨우기 – 신체 이완시키기 – 다양한 움직임으로 확장시키기
맘 알아차리기	4~7회기	– 몸의 느낌 알아차리기 – 몸으로 대화하기 – 자신의 움직임 탐색하기 – 움직임을 통하여 나를 이해하기(수동성/능동성, 외향성/ 내향성 등)
맘 표현하기	8~11회기	– 몸으로 나를 표현하기 – 창의적이고 다양한 움직임으로 표현하기 – 여러 감정을 경험하고 표현하기
몸 나누기	12~15회기	– 다른 친구의 움직임 관찰하고 반영하기 – 나와 너의 다름을 수용하고 받아들이기 – 조화를 이루어 함께 표현하기

2) 목표와 내용

- 몸의 움직임을 통하여 자신을 이해하고 사랑하며, 자신 있게 표현할 수 있다.
- 다른 친구의 움직임을 관찰하고 따라하며 친구를 이해하고 공감하기
- 창의적이고 다양한 움직임을 경험함으로써 창의성과 표현력을 증대시킬 수 있다.

단 계	제 목	목 표
1회기	풍선 춤을 추어요!	라포 형성, 신체 이완
2회기	내 몸으로 그림을 그려요	신체 인식, 신체 이완, 부드럽고 곡선적인 움직임으로의 확장한다.
3회기	나의 공간, 너의 공간	신체 이완, 공간 인식을 유지한다.
4회기	손과 발로 이야기해요	다양한 움직임으로의 확장, 몸으로 자기 마음을 표현한다.
5회기	소리와 춤	들려오는 소리의 느낌을 움직임으로 표현할 수 있다. 소리를 통하여 몸을 깨우고, 느끼며 잘 감지할 수 있다.
6회기	일상생활의 움직임	자기 일상의 움직임을 춤으로 표현해 본다.
7회기	리더 따라 하기 1 – 지휘하기	리더십 경험하기, 내 안의 능동성/수동성 탐색하기
8회기	리더 따라 하기 2 – '나'와 '너'	다른 사람의 움직임을 관찰하고 경험한다. '나'라는 주체성 탐색
9회기	바닷속 여행	느리고, 부드럽고, 유연한 움직임을 할 수 있다.
10회기	천을 이용한 움직임	천을 이용하여 부드럽고 곡선으로 흐르는 움직임과 강하고 직선적인 움직임을 관찰하고 움직여 보고, 내 안의 부드러움과 강함을 마음껏 표현할 수 있다.
11회기	아프리카 댄스를 배워 보자!	강한 직선의 움직임과 에너지를 조절할 수 있다.
12회기	난 할 수 있다~!! (격파하기)	자신의 꿈을 이루는 데 방해가 되는 것들을 격파함으로써 자신감과 용기를 얻는다. 친구들을 응원하고 지지하는 것이 서로에게 큰 힘이 됨을 깨닫는다. 강하게 표출되는 움직임을 통하여 억압된 감정을 표현한다.
13회기	네 개의 방	서로 다른 네 개의 움직임을 경험하고 어떠한 움직임이 자신에게 편하고 익숙한지 탐색한다. 나와 다른 친구를 이해한다.
14회기	고리 만들기	움직임 확장, 친구와의 관계성 탐색 및 친밀감 형성
15회기	신뢰의 원 & 내 마음의 보석상자	그룹원들의 지지와 공감 받기 내면의 움직임 표현하기(수축과 이완)

그룹 세션 II

대상: 성인
주제: '우리 다시 사랑할까요?'

그룹 세션의 두 번째 대상인 성인의 경우에는 사회적으로 중요한 부부관계를 다루어 보기로 한다.

일반적으로 사회는 가정으로 이루어지고, 그 가정의 중심은 부부다. 부부관계가 건강하고 행복하면 그 가정은 건강하며, 그 사회 역시 바람직한 사회가 될 것이다. 그러나 건강치 못한 가정이 늘어날수록 사회도 많은 문제를 가지게 되고, 이것은 끝없는 악순환의 고리가 되어 부부의 불화와 갈등이 자녀의 문제를 야기하고 그 자녀들이 성장한 후에도 원만하지 않은 부부관계를 갖게 될 가능성이 높아진다. 따라서 부부간의 불화나 갈등을 해결하는 것은 자신들의 삶뿐만 아니라 가정의 안정과 유지, 더 나아가 사회의 안정을 위한 밑거름이다. 부부관계의 질은 의사소통, 애정, 만족도, 적응, 친밀감 등과 같은 다양한 개념들에 의해 좌우된다고 본다. 이러한 개념들 중 의사소통과 친밀감이 부부간의 관계를 평가하는 시의적절한 개념으로 인식된다. 부부관계에서 의사소통의 질은 정서적 친밀성의 공유와 개인의 사고와 가치, 그리고 관심을 표현함으로써 관계를 향상시킬 수 있으며, 친밀감은 언어적, 비언어적인 상호작용으로 이루어지는 관계로서, 서로에 대한 헌신과 인정, 신뢰를 바탕으로 자기노출이 이루어지는 안정적이고 자발적인 단계라고 할 만하다.

또한 인간의 의사소통의 대부분은 비언어적 요소로 이루어져 있으며, 관계는 상호작용을 통해 일어나고, 이러한 관계는 몸을 통해 나타난다고 볼 때, 신체는 우리가 사는 사회에서 적극적으로 존재하는 방식이라고 본다.

나와 타인 간의 상호 신체적 관계를 발견한 메를로 퐁티Merleau-Ponty는 나와 타인과 함께하는 것이 근원적인 것임을 말하고 있다. 사회성 관점에서도 이러한 의사소통과 상호작용을 위해 무엇이 중요한가 하는 물음에 이미 많은 이론이나 학자들을 통해 순수 정신이니 순수 몸이니 하는 이원론적 사고에서 탈피하여, 몸과 마음이 하나의 표현에 대한 두 가지 방식이라는 것이 널리 인식되고 있는 것도 사실이다. 또한 워링Waring은 10년간의 연구 끝에 결혼생활에서 친밀감이 차지하는 역할에 대해 친밀감이란 오랫동안 지속되는 관계들의 만족을 대부분 결정하는 차원이며, 남편과 아내 사이에 존재하는 친밀감의 양과 질은 가족의 기능을 결정 짓는 중요한 요소라고 하였다.

프로그램의 구성

여기서 제시한 춤테라피는 전체 12회기로 구성되어 있으며 각 회기의 진행은 3시간으로 총 36시간 이루어지는 프로그램이다. 그중에 6회기의 내용을 자세하게 소개하였다.

각 회기마다 부부의 친밀감을 회복하기 위한 세부 목표와 활동내용으로 이루어져 있으며, 활동내용 중 앞에서 소개한 춤테라피 프로그램 내용과 연관되는 것이 있을 경우는 각 활동의 마지막에 소개하였다.

1) 진행과정

다음의 〈표 2〉는 전체적인 목표와 진행과정, 그리고 매 회기마다 참여자들에게 주어지는 과제를 보여 주고 있다.

〈표 2〉 부부의 친밀감 증진을 위한 춤테라피 프로그램

단 계	목 표	진행과정	과 제
1회기	참석자들과의 라포 형성, 사전검사	부부 소개, 설문지	등 대기
2회기	개인의 심리적 역동 단계	신체 인식	눈 바라보기
3회기	결혼의 여정선 되돌아보기	행동양식 반영과 과장	마사지하기
4회기	그림자 탐색	싫어하는 대상 표현	상대 움직임의 감정 느껴 보기
5회기	사랑의 표현	등으로 대화하기	사랑의 메모 남기기
6회기	나를 바라보기	서로에게 바라는 점	내 몸 알아차리기
7회기	부부 관계성	주어지는 힘에 반응	만나고 헤어질 때 눈/몸으로 인사하기
8회기	부부 공감연습 1	사진으로 함께 표현	내 몸의 리듬 알아차리기
9회기	부부 공감연습 2	거울춤	상대의 몸 리듬 알아차리기
10회기	부부 친밀감 형성 1	접촉을 유지한 움직임	욕실에서 서로 마사지해 주기
11회기	부부 친밀감 형성 2	함께하는 움직임	함께 춤추기
12회기	소감 나누기, 사후검사	선물교환, 설문지	

2) 목표와 내용

여기에서는 전체 프로그램 12회기 중 6회기의 내용을 소개하였다.

각 회기가 부부의 친밀감을 회복하기 위한 세부 목표와 활동내용으로 이루어져 있으며, 활동내용 중 앞에서 소개한 춤테라피 프로그램 내용과 연관되는 것은 각 활동의 마지막에 소개하였다.

1회기

목표: 사전검사, 참여자들과의 라포 형성

첫 회기는 참여자들이 프로그램의 과정, 내용을 이해하고 진행자와 참여자 사이의 라포를 형성하는 데 그 목표가 있다.

준비물: 설문지

활동내용:

〈치료자의 개입〉

그룹에 따뜻함과 편안함을 주기 위해 조용하고 편안한 음악을 준비한다. 그룹원이 도착하는 대로 둥그렇게 둘러앉아 참여자들과 눈인사를 나눈 다음, 그룹의 만남을 안내하고 소개한다.

① 설문지 작성

② 원으로 앉아서 각자의 이름과 좋아하는 것을 말하고, 앉거나 일어서서 몸짓과 소리로 자기를 소개한다.

③ 신체 각 부분을 접촉하여 몸 인사를 하면서, 움직임으로 보이는

관계 패턴과 자주 사용하는 신체 부분 인식에 목표를 둔다. 신체 접촉에 의한 만남과 헤어짐을 통해 참여자 간의 어색함을 없애면 진행자와 참여자 사이에 라포를 형성하게 되고, 만남과 헤어짐의 패턴을 통해 프로그램을 경험하기 이전의 부부관계 진단과 의사소통의 중요성을 인식하게 한다.

활동방법은 공간을 이동하면서 시선이 마주치는 사람과 신체 접촉을 하며 인사를 하는데, 그와 동시에 상대와 눈으로 인사하게 한다. 접촉하는 신체의 각 부분을 바꿔 가면서 하도록 지시한다(춤테라피 1단계 '춤과 마음' 2회기-몸으로 인사하기 참조).

④ 참가동기와 바람, 소감 나누기

⑤ 과제: 몸과 움직임을 통한 친밀감 체크리스트 Ⅰ - 배우자와 5분 이상 등 대기

매 회기가 끝난 후에는 일주일 동안 해야 할 과제를 나누어 주고 매일 체크를 한 후, 다음 회기 시작 전에 점검을 한다.

2회기

목표: 개인의 심리적 역동 단계

이번 회기의 목표는 개인의 심리적 역동을 찾는 것이다. 건강한 부부관계를 위해 자신에 대한 올바른 인식이 선행되어야 한다고 에릭슨 Erikson은 말하고 있다. 본 프로그램에서도 부부관계가 향상되기 위해서는 자신에 대한 이해와 자각이 선행되어야 한다는 입장을 갖는다. 움직임을

통한 자기노출은 대부분 자신의 의도보다 많이 이루어지는 것이 사실이지만, 상징적인 움직임으로 나타나므로 심리적인 위험이 적다.

활동내용:

〈치료자의 중점사항〉

참여자들의 신체 이완을 통해 자신을 지각하고, 불편하게 인식되는 자신의 신체와 문제를 인식하도록 돕는다.

① 과제 점검

매 회기 시작 전에는 이전 회기의 과제를 해 보고 갖게 된 느낌과 변화된 모습에 대한 소감을 나누어 본다.

② 준비단계로는 매 회기 움직임의 유연성 변화를 알아보고 호흡과 신체를 일깨워 세션의 준비를 할 수 있는 움직임으로 목, 어깨, 손목, 허리, 무릎, 발목 등 각 관절의 회전동작을 포함시킨다.

③ 신체 인식

자신이 가장 편안한 곳을 찾아 눈을 감고 눕는다. 머리를 통해 맑은 물이 들어와 몸의 각 부분을 맑게 하는 느낌으로, 각 신체 부분에 의식을 보내면서 자신의 신체를 인식해 본다.

④ 신체에서 불편한 곳 찾기

신체의 불편한 부분을 찾아내고, 그 부분과 연결된 자신의 문제를 탐색한다.

불편한 신체가 자신의 어린 시절 혹은 자신과 부모의 관계인지를 찾아보고 문제를 인식한다(춤테라피 1단계 '춤과 마음' 2회기-몸 느끼기 참조).

⑤ 소감 나누기

⑥ 과제: 몸과 움직임을 통한 친밀감 체크리스트 II – 눈 바라보기

[3회기]

목표: 결혼의 여정선 돌아보기

3회기의 목표는 지금까지의 결혼관계를 돌아보고, 현재의 관계를 진단하는 데 있다. 서로에 대한 비현실적인 기대를 점검하고, 자신의 자세와 표정 등 현실적이고 구체적인 다름에 대한 인식을, 입장을 바꿔 봄으로써 신체적, 행동적 패턴을 인지적 인식으로까지 확장하는 것이다.

활동내용:

① 준비단계

원으로 서서 참여자들이 각자 긴장된 부분을 한 가지씩 움직여 보고, 그룹원들은 그 움직임을 따라해 본다. 다음 사람은 몸의 다른 부분을 이완하거나 스트레칭한다. 각자 한 가지 움직임을 하게 되면, 전체가 신체의 모든 부분을 이완하게 된다.

② 얼굴표정, 행동, 자세를 서로 바꿔서 움직이기

공간을 걸어 다니면서 자신의 평소 습관이나 특징적인 동작 세 가지를 골라서 해 본다. 자신의 배우자와 짝이 되어 서로의 움직임을 관찰한다.

배우자와 함께 서로의 얼굴표정, 특징적인 행동, 신체의 자세를 관찰하여 상대방을 관찰한 대로 움직여 보고 피드백을 해 준다. 이때는 그 움직임에 있는 느낌보다는 움직임 자체를 가지고 상대가 자신을 인식하는 것을 도와준다.

역할을 바꾸어 해 본다(춤테라피 1단계 '춤과 마음' 7회기-일상 움직임 참조).

③ 과장하기

서로의 움직임을 크게 과장해서 움직여 보고, 상대의 동작에서 부정적인 느낌이 나거나 작은 동작은 큰 동작으로 바꾸어 준다. 역할을 바꾸어 본 다음, 그 움직임에 대한 느낌을 서로 나누어 본다. 부부의 움직임에 대해서 서로가 지각하는 인지의 차이를 확인하고, 상대의 장점을 개발하고 단점을 수용하면서 개선하는 방법을 찾아가는 것이다.

④ 소감 나누기

⑤ 과제: 몸과 움직임을 통한 친밀감 체크리스트 Ⅲ- 마사지하기

4회기

목표: 그림자 탐색

4회기의 목표는 자신의 그림자를 탐색하는 것이다. 칼 융 Carl G. Jung은 그림자가 다른 어떤 원형적인 유형보다도 인간의 기본적인 동물적 본성을 많이 포함하고 있다고 하였다. 인간이 공동사회의 필수 불가결한 일부가 되기 위해서는 그림자에 포함되어 있는 동물적 정신을 길들일 필

요가 있다.

준비물: 패들 드럼Paddle Drum 음악, 동물 사진

활동내용:

① 준비단계

패들 드럼의 리듬에 맞춰 무의식적으로 나오는 움직임을 해 본다. 그 움직임에 적당한 소리를 내 본다.

② 자신이 싫어하는 말이나 대상 찾기

평소에 자신이 싫어하는 말이나 대상을 찾아본다.

③ 싫어하는 대상을 소리와 움직임으로 나타내기

자신만의 공간을 찾는다. 자신이 찾은 대상을 적당한 소리와 움직임으로 나타내 보고 그 느낌을 탐색한다.

④ 동물로 표현하기

공간에 준비한 동물 사진을 펼쳐 놓는다. 참여자들은 사진을 모두 둘러본 다음, 자신의 마음을 움직이거나 감정에 접촉이 되는 동물 사진을 선택한다. 그 동물의 움직임을 생각해 보고, 신체로 직접 움직여 본다. 그룹을 두 편으로 나누어 동물의 움직임을 해 본다.

⑤ 소감 나누기

⑥ 과제: 몸과 움직임을 통한 친밀감 체크리스트 IV - 상대 움직임의 감정을 느껴 보기

목표: 사랑의 표현

5회기의 목표는 부부 상호작용에서 자신의 감정을 몸짓과 움직임으로 표현하는 것과 그 표현을 어떻게 받아야 하는지를 연습하는 것이다. 연애 시절 배우자의 어떤 점이 매력으로 다가왔는지 되돌아보고, 상대방의 좋은 점을 찾아내서 몸으로 표현해 봄으로써 직접적인 언어전달의 어려움을 극복해 본다.

준비물: 조용한 음악, 편지지, 펜

활동내용:

① 준비단계

두 사람씩 짝을 지어 상대의 몸을 마사지해 준다. 등을 대고 앞뒤, 좌우로 흔들기를 하면서 몸의 긴장을 풀고 상대의 호흡을 느껴 본다.

② 상대방의 좋은 점 찾기(사랑스러운 말, 행동, 실수)

상대와 마주 앉아 상대의 좋은 점(좋았던 점도 포함)을 다섯 가지 찾아낸다. 게임을 하듯이 서로 한 가지씩 교대로 보여 준다.

③ 사랑의 편지 쓰기

자기만의 공간을 찾아, 편지지에 사랑의 편지를 쓴다.

④ 등으로 대화하기

편지를 써서 예쁜 봉투에 넣어 두고, 그 내용을 몸으로 표현한다. 조용한 음악과 함께 상대와 등을 대고 앉아서 등의 느낌을 느껴 본다. 함께 등을 대고 움직여 보고 나서 앞뒤, 좌우로 흔들거나 비비는 등 자신이 하고 싶은 방법으로 몸을 움직여서 상대방에게 편지의 내용을 이야기한다. 한쪽에서 일방적으로 듣거나 계속해서 얘기하지 않고 대화를 한다.

⑤ 소감 나누기

소감을 나눌 때는 상대방이 표현한 것을 어떤 내용으로 이해했는지에 대해서만 나눠 본다.

⑥ 과제: 몸과 움직임을 통한 친밀감 체크리스트 Ⅴ-사랑의 메모 남기기

  [6회기]

목표: 나를 바라보기

6회기에서는 자신이 바라는 것과 상대방이 바라는 것을 찾아보고, 그것이 어디서 출발하였는지를 인식하는 것이 목표다. 인간이 가지고 있는 최초의 투사는 다른 성의 부모에게로 행해진다. 이러한 투사는 여러 가지 이유가 있지만 1차적인 이유는 자신의 무의식 속에 있다. 내가 바라는 것과 상대가 나에게 바라는 것이 유아적인 환상과 미성숙의 환상이라는 사실을 알아차린다.

활동내용:

① 준비단계

필라테스와 알렉산드리아 테크닉을 이용하여 신체 이완과 호흡을 알아차리고, 신체 정렬alignment을 한다.

② 서로에게 바라는 점

A는 조각상을 만들고, B는 그 조각상을 자신이 원하는 대로 바꿔 본다.

A는 B가 자신의 몸을 바꾸었을 때의 느낌을 잘 느껴 본다.

역할을 바꾸어 본 다음, 간단하게 소감을 나눈다.

③ 두 그룹으로 나누어 조각상 작업

그룹을 반으로 나누어 한쪽 그룹의 참여자들은 조각상이 되고, 나머지는 조각상에 변화를 준다. 조각상을 변화시키고 나서 다른 작품을 감상한다. 안내자는 각각의 조각상에 가서 현재의 느낌을 한 단어로 표현하게 한다. 역할을 바꾸어 본다.

④ 소감 나누기

자신이 조각상으로 있었을 때의 느낌과 변화시키는 역할을 할 때의 느낌을 나누어 본다.

⑤ 과제: 몸과 움직임을 통한 친밀감 체크리스트 Ⅵ - 내 몸 알아차리기

개인 세션

춤테라피에서 다루는 개인 세션은 언어와 움직임을 복합적으로 사용한다. 즉, 언어 상담과 함께 움직임을 통한 정서와 기억의 탐색을 번갈아 가며 사용한다. 특별히 개인의 무의식을 탐색하는 세션에서는 '내면의 움직임'이라는 기법을 주로 사용한다. 아래에는 내면의 움직임에 대한 설명과 함께 치료자의 개입에 대한 내용을 다루었다.

내면의 움직임과 치료자의 개입

내면의 움직임은 융의 적극적 명상법Active imagination을 기초로 한 춤테라피 기법으로, 내담자가 자기 내면의 무의식적인 움직임을 통해 무엇이 표현되고 싶어 하는지를 찾기 위한 좋은 방법이다.

■ 진행 방법

먼저 내담자는 자신의 몸에서 느껴지는 몸의 감각과 느낌에 초점을 맞춘 상태에서 어떻게 혹은 어떤 움직임을 해야겠다는 계획을 하지 않고, 자기 내면에서 일어나는 자극이나 감각을 따라 그저 움직여지도록 허용하는 것이 중요하다.

내담자는 내면의 움직임을 시작하기 전에 치료자와 눈을 맞추고, 움직임이 시작되면 눈을 감고 내면에서 일어나는 움직임을 충분히 허용한다.

치료자는 자신의 몸과 마음을 잘 알아차린다. 눈으로는 상대를 보고 있지만 자기 몸을 긴장하지 않도록 편안하게 만드는데, 호흡과 자세 등 몸이 편안한지, 자기 내면의 느낌이 가벼운지를 살펴보고 만일 그렇지 않다면 움직여도 좋다. 내담자가 자기 내면의 움직임을 하고 있을 때는, 치료자가 말을 하거나 어떤 행동으로 개입하지 않아도 된다. 내면의 움직임은 주로 호흡과 함께 온몸이 하나로 일치된 이미지 혹은 느낌을 주는 동작이라고 할 수 있다

만일 내담자가 한 가지 자세로 오랫동안(3분 이상) 움직이지 않으면, 호흡과 신체 부분의 느낌이나 그 자세에 대한 느낌이 어떤지 언어로 물어볼 수 있다. 두 번 정도 물어서 대답이 없다면 등이나 어깨에 가만히 손을 대어 내담자를 지지해 주는 것이 좋다. 또한 특정한 움직임이 반복되거나 내면의 움직임이 관찰되는 상황에서 내담자가 움직임을 멈춘다면, 떠오르는 생각이나 기억 혹은 몸에서 느껴지는 감각에 대해 이야기하게 한다.

이때의 이야기는 대부분 내담자의 무의식적인 패턴이나 기억 혹은 자신에게 커다란 영향을 준 사건과 관련되어 있는 경우가 많은데, 치료자는 내담자의 움직임을 보고 나서의 자기 느낌을 말해 주거나 혹은 "이러한 움직임을 하셨는데 그때 어떤 생각이나 느낌이 있으셨나요?" 하고 내담자에게 질문할 수 있다.

이러한 질문이나 동작에 대한 치료자의 느낌 피드백은 내담자가 무의식 내용을 더 선명하게 구체화하거나 의식화할 수 있도록 도와준다.

혹시 떠오르는 기억이나 사건과 함께 정서를 잘 느끼지 못하는 내담자에게는 지금 몸에서 느껴지는 감각이나 움직임을 크게 확장해 주거나, 아직 표현되지 못하고 남아 있는 감정이 있는지 알아보고, 그런 감정을 충분히 표현할 수 있도록 도와줄 수도 있다.

심리치료를 통한 내면의 변형이란 무의식적인 자기 반응이나 현재 일어나는 자신의 감정이나 생각을 알아차리는 것이므로, 진정한 변형이란 이러한 알아차림이 얼마나 성장하는지에 달려 있다. 주어진 상황에 대해 의식적으로 자신의 감정을 표현하거나 표현하지 않을 자유가 있는 의식상태에서 반응할 수 있게 되는 것이다. 궁극적으로 치료는 우리의 정서를 없애거나 그것을 표출하는 것이 아니라, 그것에 대해 알아차리고, 어떻게 기능하며 몸이 어떤 영향을 받는지를 이해하는 것이라는 것을 기억해야 한다.

■ 치료자의 개입

이때 치료자는 자신의 중심에 머무는 것이 아주 중요하다. 그렇지 않으면 순식간에 투사가 일어나게 되어 내담자의 문제를 온전히 다루기 어렵기 때문이다.

스바기토 리버마이스타 Svagito Liebermeister 의 『선 상담 Zen way of Counseling』에서 발췌한 치료자가 자신의 중심에 온전히 머무를 수 있는 방법에는 다음과 같은 것이 있다.

① 자기 몸의 자세를 알아차린다.

② 자신의 호흡을 느껴 보라.

③ 가슴의 긴장을 풀어라.

④ 내담자가 하는 움직임을 바라보면서 떠오르는 순간의 느낌을 따르라.

치료자는 내담자와 세션을 시작하기 전이나 세션 중에 치료자의 중심을 찾기 위해 이것을 순서에 따라 혹은 한두 가지를 복합적으로 사용할 수 있을 것이다.

몸의 자세

몸은 항상 현재, '지금 여기'에 있다. 몸을 통해 우리는 살아 있음을 경험하고, 신체 감각을 통해 현실을 순간순간 있는 그대로 경험한다. 그러므로 몸은 존재감의 상태를 찾고 유지하는 데 큰 도움이 된다. 왜냐하면 몸은 이미 그런 상태에 있기 때문이다. 어느 순간이라도, 우리가 하는 것을 잠시 멈추고, 몸의 감각을 알아차리게 되면 현재의 순간으로 돌아올 수 있다.

우리가 몸의 느낌에 주의를 기울이는 순간, 신체적 욕구를 알아차리고, 현재로 돌아오며, 또한 우리의 몸 상태가 좋으며 적당한 자세인지를 알게 해 주는 내면의 감각이 있다는 것을 떠올리게 된다. 세션을 하면서, 치료자는 자기 몸의 자세를 계속 알아차리고, 가끔 몸이 편안한지 아닌지를 체크하는 것이 도움이 된다. '편안하게' 있으려고 한다는 말은 내담자가 이야기를 하는 동안 바닥에 드러눕는다는 뜻이 아니라, 치료자가 잠시 일어나거나 몸을 스트레칭할 수 있다는 말이다. 다른 말로 하자면 우리는 자기 몸에게 필요한 것이 무엇인지를 알아차릴 수 있는 자기 내면의 감각을 신뢰하고 그것을 현재에 머물 수 있는 도구로 사용하기보다는, 전문적인 치료자가 어떻게 행동해야 하는지에 대한 틀에 박힌 생각, 세션을 하는 동안 움직이지 않고 '반듯이' 앉아 있어야 한다는 생각에 영향을 받기 쉽다.

호흡을 알아차림

몸의 자세를 체크하고 나서는 호흡에 주의를 기울이라. 호흡은 우리를 이 순간에 머물게 하는 것이다. 과거나 미래에 호흡을 할 수는 없을 것이며, 호흡은 항상 지금-여기에서 일어나는 과정이다. 또한 사고 과정에 깊게 연관된 사람들은 아주 얕게 숨을 쉬는 경향이 있으며, 보기에 거의 숨을 쉬지 않는 것처럼 관찰되는 것은 흥미로운 일이다. 또 다른 면에서는, 서두르거나 걱정스러워 보이는 사람들은 그 호흡이 보통 때보다 빠르다는 것을 알 수 있다.

우리는 모두 자신만의 자연스럽고 이완된 호흡 리듬을 갖고 있으며, 또한 이것은 우리가 말하는 리듬과 움직이는 속도를 나타내 준다. 우리가 자기 호흡의 자연스러운 리듬에 주의를 기울이면, 몸이 멈추고 싶어 하는지 혹은 미묘하게 움직이고 싶어 하는지 알 수 있을 것이며, 또한 이것이 생각에서 빠져나와 존재감으로 돌아오도록 도와줄 것이다.

다른 말로 하자면 치료자가 내담자와 있을 때 내담자의 리듬을 따르거나 억지로 조용히 앉아 있지 말고, 자신의 리듬을 따르는 것이 도움이 된다는 말이다.

가슴의 긴장을 풀어라

잠시 동안 혹은 몇 분 동안 호흡을 알아차리고 나서, 자신의 주의를 가슴의 중심에 있는 가슴센터로 옮겨 간다. 이곳은 심장이 있는 신체적 위치가 아니라 영적인 가슴의 에너지 센터다.

우리가 가슴에 연결될 때, 사고는 느려지거나 잠시 멈추기도 한다. 결과적으로 지금 여기에서 일어나는 일에 더 머물 수 있게 되는 것이다. 가슴을 기억하는 효과적인 방법은 머리와 생각을 내버려두고 가슴센터에 집중하여 긴장을 풀고 이완하도록 하는 것이다. 이러한 상태에서 내담자가 움직이거나 말을 하는 동안 '가슴으로 이야기를 듣는다.'라고 상상하는 것도 가능하다.

이러한 연습은 일상생활에서 어느 순간이라도 해 볼 수 있는데, 이런 상태로 다른 사람의 말을 듣거나 함께 있으면 상대방은 자신이 좀 더 받아들여지고 이해받는다고 느끼게 된다. 왜냐하면 가슴은 변형의 중심이며 부정적인 느낌과 믿음을 긍정적으로 바꿀 수 있는 능력이 있기 때문이다. 이곳이 바로 진정한 변형의 연금술이 일어나는 곳이다.

순간의 느낌을 따르라

이러한 힌트들을 알고 나서, 좋은 몸의 자세를 찾고 호흡을 알아차리며 가슴을 이완하면, 선입견이나 이성적인 추리가 아닌 자연스러운 행동을 하는 순간을 경험하기가 쉬워질 것이다. 그러한 순간의 느낌은 내면의 존재, 현재 순간의 반응으로 생겨나는데, 우리는 직관적으로 이러한 것을 느낄 수 있다. 우리가 존재감에서 행동하면 너무 이르지도 혹은 늦지도 않은 정확한 시간, 정확한 순간에 무언가를 하게 된다.

내담자가 어떤 결과를 얻도록 너무 서두르기 때문에, 자연스러운 순간의 느낌이 일어나기에 충분한 공백 기간을 두지 않는 치료사들이 있다. 또는 진행과정의 정해진 틀을 벗어나는 행동을 두려워해서, 자연스러운 순간의 느낌이 지나가 버리고 자신의 자율성을 억압하는 치료사도 있다.

현재에 머문다는 말은 고요하게 앉아 있는 것만을 의미하는 것이 아니다. 그 말은 필요한 순간에 행동한다는 뜻으로, 정확한 순간을 기다려서 느낌이 생겨날 때 그것을 따른다는 말이다.

이렇게 치료사는 내담자가 내면의 움직임을 하는 동안 그리고 움직임이 끝났을 때에도 위의 네 가지 방법을 사용하여 듣고 반응하는 것이다.

내면의 움직임이 끝난 내담자가 그 자리에 멈추면 눈을 떠서 치료사를 바라보게 한다.

PART 3 다섯 개의 리듬

CHAPTER [8]

다섯 개
리듬으로의
여행

다섯 개 리듬은 미국의 가브리엘 로스Gabrielle Roth가 창안한 춤을 통한 자기치유와 명상 방법이다. 이번 장은 주로 필자가 번역한 『춤테라피 *Sweat your prayer*』(2005)를 정리한 내용을 담고 있는데, 흐름Flowing, 스타카토 Staccato, 혼돈Chaos, 영혼의 노래Lyrical, 침묵의 춤 Stillness의 다섯 개의 리듬과 함께, 이러한 리듬이 탄생하게 된 배경과 각각의 리듬이 갖고 있는 특징 그리고 각각의 원형을 소개하려고 한다.

움직임에 그대의 몸을 맡겨라

다섯 개의 리듬은 미국의 춤치료 연구자이자 무대감독이며 음반 기획자인 가브리엘 로스가 춤과 함께 자기 내면, 자기 본성으로 들어갈 수 있도록 창안한 춤치유명상법이다.

이러한 다섯 개의 리듬에 몸을 맡기고 움직이는 것은 자기 자신의 가장 중요한 자연성을 일깨우고, 직관과 상상력을 확장시켜 준다. 그것은 틀이 없는 틀이며, 정신적, 육체적 표현의 범위를 넓혀 주고 영혼이 잊고 있던 부분을 볼 수 있도록 해 주며, 직관적 이해력과 예술적 감수성을 일깨워 준다.

몸을 움직이는 것은 헬스클럽에서 신문을 읽으며 자전거에 앉아 페달을 돌리는 것이 아니라 영감을 불러일으키는 것이어야 한다. 신문은 그저 다른 사람의 이야기일 뿐이므로, 몸을 움직이고 춤을 추는 것은 마치 당신의 몸과 마음이 대화를 하는 것 같아야 한다.

춤을 추지 못하는 이유

1. 자신의 몸을 혐오한다

허벅지 살이 늘 혐오스럽고 몸에서 없애 버리고 싶었던 20대의 여성이 있었다.

자신의 다리를 바라보거나 만지게 될 때마다 그렇게 증오스럽고 자신이 무가치하게 느껴진다고 했다. 그래서 늘 헐렁한 치마로 그 허벅지를 감추며 살았다고 한다.

그런데 춤을 추면서 깨달은 것은, 자신이 가만히 앉아만 있어 이런 다리가 된 것이 아니라 끊임없이 움직이고 춤을 추면서도 허벅지가 가늘어지지 않는 것은 나에게 꼭 필요하기 때문이라는 것이다.

2. 나는 춤 같은 건 안 춰

어느 날 춤테라피 프로그램을 진행하는데 어떤 남자분이 자기는 춤 같은 건 안 춘다고 말을 했다. 남자들의 전형적인 반응이다. 그러면서도 프로그램을 진행하는 장소를 떠나지 않고, 옆에 앉아 있었다.

프로그램이 한참 진행되고 있을 때, 내 눈에 들어온 것은 그 남자분의 발가락이 음악에 따라 까닥까닥 움직이는 것이었다. 프로그램이 끝날 즈음에 그분은 앉아서 온몸을 흔들더니 박수까지 치고 있었다.

3. 춤추기에는 너무 늦었어, 너무 늙었어

비가 오던 어느 여름 날 60대의 여성 한 분이 내가 운영하는 춤테라피 명상센터에 찾아왔다. 약간 쑥스러운 얼굴로, 춤을 추고 싶은데 정형화된 동작을 배우는 것 말고 자유로운 춤을 추고 싶다는 것이었다. 그러면서 "대개 몇 살 정도 되는 분들이 주로 오시죠? 저같이 나이 많은 사람도 있나요?"라고 물어 왔다.

무릎이 아프다고도 말을 하면서 춤을 추기에 자기 나이가 너무 많지는 않은지 걱정스러운 얼굴이었다. 나는 그분에게 이런 말을 했다. 지금이 바로 춤을 출 때라고.

며칠 후 그분은 주 2회씩 춤테라피 프로그램에 나오시면서 나중에는 자격과정에까지 도전하시게 되었다. 어느 날은 그분의 남편이 "당신, 춤을 추고 나서 얼굴이 밝아지고 아프다는 소리를 하지 않으니까 그 프로그램이 있을 때는 언제든지 가도 좋아!"라고 했다며 환한 얼굴로 내게 이렇게 말했다. "남편이 집에 있을 때 제가 밖에 나가는 것은 상상도 못했어요. 더구나 춤을 추러 말이에요."

4. 나는 춤출 시간이 없어

내가 아는 선생님 한 분은 중학교 양호교사로 근무하시면서, 두 딸을 키우고 있는데도 점심시간에 식사를 마치고 양호실로 돌아가서는 음악을 틀고 신발을 벗은 채 춤을 춘다고 한다.

5. 나는 리듬 감각이 없어

인간의 몸은 리듬이다. 만일 핵물리학자에게 물어본다면, 우주는 끊임없는 움직임 가운데 있다고 할 것이며, 움직이는 모든 것에는 리듬이 있다고 말할 것이다.

숨을 쉬고 걷고 말하는 모든 행위는 리듬이다.

6. 너무 우울해서 움직일 수 없어

우울은 에너지가 막혀 있는 것이며 표출되지 않은 슬픔이다.

우울을 뛰어넘는 단 한 가지 방법은 움직이는 것이다.

7. 나는 에너지가 충분하지 않아

어떤 사람들은 에너지를 한곳에 쓰고 마음을 가라앉히기 위해 좌선을 한다고 한다. 그런데 마음을 고요하게 하는 가장 빠른 방법은 몸을 움직이는 것이다. 움직임은 언제나 더 깊게 춤을 출수록 더 많은 에너지를 얻게 된다. 왜냐하면 에너지를 가로막는 에너지를 방출해 버리기 때문이다. 움직임을 억압하면 움직이는 것보다 더 많은 에너지가 쓰인다.

자기 내면에는 자신이 생각하는 것보다 훨씬 많은 에너지가 있다.

8. 나는 처리해야 할 더 중요한 문제들이 많아

때로는 정말로 해결하기 어려운 문제에 부딪힐 때가 있다. 그럴 때는 잠시 그 문제에 초점을 맞춘 다음 그것을 춤에 던져 버리는 것이 도움이 된다. 나는 결정할 중요한 일이 생기면 그것을 마음에 떠올리고 나서 춤을 춘다. 그러면 어느 순간 생각지도 못했던 해결책이 떠오른다.

9. 나는 춤출 공간이 없어

내가 아는 목사님 한 분은 새벽에 춤을 추고 싶은데 그럴 공간이 없어서 고민을 하고 있었다. 어느 날 긴 줄이 달린 헤드폰을 쓰고 거실에 나와 춤을 추고 새벽기도에 가셨다고 한다. 거실에서 하기 힘들 때는 화장실도 좋은 장소라고 했다.

10. 나는 부끄럽고 자의식이 강해서 절대로 사람들 앞에서 춤을 추지 않아

자의식은 스펀지보다 더 강하게 생명력을 흡수한다. 자의식은 움직이지 않는다.

이런 자의식에 사로잡히면 모든 사람들이 자기를 바라본다고 생각한다. 그런데 실제로는 누구도 그런 사람에게 관심을 갖지 않으며, 자기의 열정과 에너지로 움직이는 사람들이 다른 사람들의 시선을 받게 된다.

우리는 매일 리듬 속에서 산다.

리듬을 따라 움직인다는 것은 자신의 인식과 관심을 자신이 이미 간직하고 있는 에너지에 적용시키는 것뿐이다. 움직임 수련은 모든 창조적인 에너지들이 흘러가게 하는 것이다. 리듬은 단지 몸을 이완시키는 것만이 아니라 가슴을 열고 마음을 비우는 것이기도 하다. 더 깊고 지혜로운 모든 존재들에게서 내면의 통일성을 느끼는 우리의 중심으로 데리고 간다. 그래서 우리는 다시 신선해지고 풍부해지며 우리 존재에 충실해지는 것이다.

다섯 개의 리듬을 위한 개념

다섯 개의 리듬을 타기 위해서 고려해야 할 다섯 가지 개념이 있다.

1. 목적지/방향

우리는 너무 목표 지향적이라서 방향감각을 잃어버리고 자신의 본능과 내면의 소리를 따르는 능력을 잃어버렸다. 기차를 타고 여행을 가는데, 어디로 가는지에만 신경을 쓰다가 주변에 스치는 풍경을 놓치고 있는 것이다.

어린 시절을 되돌아보면 아이들에게 '너 뭐가 될래? 대통령? 의사? 변호사?' 이렇게 물어보는 어른들이 많이 있었다. 우리는 어릴 때부터 잠시 멈춰서 자신의 현재를 돌아보기보다는 목표를 정해서 미래를 내다

보라고 배워 왔다.

그 결과 우리는 지나치게 목적을 지향하는 감각만 발달하여 원래의 방향감각, 즉 우리가 누구인지, 우리 내면의 충동과 욕구가 우리를 어디로 데려다 줄지에 대해 생각하는 힘을 잃어버렸다.

움직임 수련의 목표는 몸을 리듬에 따라 움직여 보는 것 그 자체다. 그러면 결코 잘못된 길을 가지 않을 것이다.

2. 공간

사람들이 많이 모이게 되면 자기 공간이 적다는 생각으로 마침내 그 공간이 복잡하게 느껴진다. 왜 내 주변에 나와 같은 일을 하는 사람들이 이렇게 많을까. 왜 이렇게 경쟁자가 많을까 하는 생각도 하게 되는 것이다. 이럴 때는 옆 사람들이 공간을 차지하였다고 생각하면서 불평하는 대신 빈 공간을 찾을 때 기적이 일어난다.

내가 인도에 갔을 때, 교통 신호를 잘 지키지도 않는 것 같은데 자동차들이 무서운 속도로 질주하는 것을 보고 깜짝 놀랐다. 내가 탄 릭샤(인도의 세 발 자동차 택시) 운전수에게 어떻게 그렇게 잘 갈 수 있느냐고 묻자 그는 빈 공간을 찾아 달린다고 말하며 웃었다.

3. 바라보기 / 인식하기 / 행동하기

이것은 영혼의 지혜다. 춤을 추다 보면 몸이 주변의 공간과 하나가 되어 더 이상 분리되어 있지 않은 액체 상태의 빛으로 느껴질 때가 있다. 몸속에는 인식의 영역 안에서 움직이는 중심, 즉 자신의 초점을 바꾸는 자신의 한 부분인 바라보기가 있다. 예를 들면, 자기 마음의 중심을 발에 둔 채로(인식하고) 허리나 팔에 주의를 두는 것(바라보기)이다. 그리고 나서 움직임을 하는 것(행동하기)이다.

4. 호흡

호흡을 느끼면서 춤을 춰야 한다. 그리고 호흡의 리듬과 호흡이 느껴지는 몸의 부분, 호흡이 닿지 않는 부분에 주의를 기울여야 한다. 호흡은 자신에게 가장 생기를 주는 중요한 것이다.

숨을 쉬지 않으면 죽게 된다. 하지만 더 중요한 것은 숨 쉬지 않으면 춤을 출 수 없다는 것이다.

5. 음악

다섯 가지 리듬은 어떤 종류의 음악에도 맞춰서 해 볼 수 있는데, 중요한 것은 자신에게 맞는 음악을 찾는 것이다.

다섯 개 리듬으로의 여행

다섯 개 리듬으로의 여행이란 흐름, 스타카토, 혼돈, 영혼의 노래, 침묵의 춤의 다섯 개 리듬과 함께, 움직임에 자기를 온전히 내맡기며 기도하는 마음으로 몸의 각 부분들에 귀를 기울여 춤을 추는 것이다.

각 리듬에서 나타나는 움직임의 특징을 설명하면 다음과 같다.

첫 번째 리듬은 흐름이며 움직임의 특징은 발을 올렸다 내렸다 하면서 여러 곳을 옮겨 다니고, 숨을 들이쉴 때마다 아랫배에 주의를 기울이면서 자신의 몸이 모든 종류의 원을 그리도록 편안하게 놓아주는 것이다.

두 번째 리듬은 스타카토이며 몸을 수축하여 아랫배 깊은 곳에서부터 숨을 토해 내도록 밀어붙인다. 날숨의 강도가 팔을 밀어내어 날카로운 각을 만든다.

세 번째 리듬은 혼돈으로 어떠한 생각도 할 수 없는 상태다. 생각을 머리에서 털어 버리고 모든 관심을 발에 기울인다. 발로 리듬을 맞추면서 몸의 긴장을 풀고 온몸을 흔들어 준다.

네 번째 리듬은 영혼의 노래라고 하는데, 혼돈에서만큼이나 그칠 줄 모르고 계속 박자를 쏟아 내지만 좀 더 가벼운 톤의 박자가 된다.

다섯 번째 리듬은 침묵의 춤이며 박자의 호흡 속으로 미끄러져 들어가 자신의 축을 중심으로 돌아서 깨어나는 꿈의 흐름 속으로 옮겨 간다. 침묵의 춤에서는 자신의 몸에 귀 기울이는 법을 배우고 그 순간 어떻게 해야 하는 것이 적절한지 알게 된다.

우리 내면의 원형

다섯 개 리듬은 각각 존재의 상태이며 삶과 사랑, 태어남과 죽음, 예술과 신에 대한 내적인 가르침이다. 각 리듬은 스스로 만들어 놓은 조건과 분리시켜서 원초적인 열정과 욕구를 찾아내고 본래의 인간성으로 연결시키도록 돕는 에너지를 일깨워 준다.

각각의 리듬에는 원형이 있는데 이는 다음과 같다.

1. 흐름과 스타카토

흐름과 스타카토에는 각기 세 가지 원형이 존재하는데, 이는 몸, 마음, 영혼이라는 우리의 존재와 연결되어 있다.

'어머니' '여인' '성모'의 춤은 '흐름'이라는 여성적인 리듬이 그려내는 에너지를 갖고 있다. 또 '아버지' '아들' '성령'의 춤은 '스타카토'라는 남성적인 리듬이 그려 내는 에너지를 갖고 있다.

어머니는 감싸 주고 돌보는 에너지이며, 여인은 예민하게 느끼고 생명력과 에너지를 부여해 준다. 성모는 여성적인 마음이고 순결한 선으로 매 순간 새롭게 태어나는 영혼이다.

아버지는 실천적이며, 보호하고 활동적인 에너지이며, 아들은 자유를 동경하고 길들여지지 않는 부분이며, 유행에 민감하고 열정적인 에너지이며, 성령은 어떤 것에 대한 해답, 의미, 삶의 목적을 적극적으로 탐구하는 에너지다.

이러한 원형은 일상생활에서 끊임없이 자기 행동이나 마음에 영향을 주게 된다.

다음은 흐름과 스타카토의 원형이 삶에서 어떻게 나타나는지를 보여주는 사례다.

세션을 하면서

- 참여자들이 모두 편안한지를 확인하며 전체적인 신체 에너지를 따라가는 어머니.
- 사람들의 정서적인 면을 지켜보고 춤을 통해 깊은 곳으로 가도록 사용하는 여인.
- 성모는 전체적인 과정에 신성이 유지되도록 하고, 소감을 통해 서로의 마음을 비울 수 있게 한다.
- 아버지는 다른 사람에 대해 이야기하지 않기, 껌 씹지 않기, 시간 지키기 등의 경계와 규칙을 정한다.
- 아들은 춤 속에서 자기 한계를 넘고 모험을 하도록 밀어붙인다.
- 성령은 우리가 보다 높은 차원의 자기, 신성한 공간을 계속 움직여 나가게 만든다.

2. 혼돈

'혼돈'이란 남성적인 에너지와 여성적인 에너지를 통합하는 리듬이다. 혼돈의 원형은 두 에너지가 신비롭게 결합된 창조적인 에너지를 나타낸다. 예를 들면, 예술가는 어머니와 아버지의 결합이고, 연인은 여인과 아들의 결합이며, 구도자는 성모와 성령의 결합이다.

3. 영혼의 노래(자아실현의 리듬)

'영혼의 노래'의 원형은 '변형자'다. 자신을 변형시키는 역할을 한다. 우리는 우리가 필요로 할 때마다 여러 원형을 그려 내는데, 순간적인 에너지가 들어오고 나갈 수 있게 함으로써 전체에 대한 인식과 섬세한 부분들에 대한 '바라보기' 사이에 균형을 유지하면서 내가 올바른 행위를 취할 수 있도록 해 준다.

그러나 주의할 것이 있다. 사람들은 하나의 원형에 비중을 두는 경향이 있어서 그 원형에 푹 빠져 어두운 면을 경험하기도 한다. 어떤 이는 특정한 에너지 원형이 덜 발달된 이들도 있어서 상처를 주고, 또 어떤 이는 자신의 부족한 점을 채워 줄 사람에게 끌리는 경향이 있어서 잘못된 애착을 통해 절망에 빠지는 경우도 있다.

어머니 에너지에 빠진 교사는 학생들을 유아로 취급할 것이고, 여인의 에너지 장에 빠진 교사는 학생들을 모두 이성으로 볼 것이다. 성모에 빠진 엄마는 딸이 말하고 행동하는 것을 분석하려는 심리분석가가 된다. 아버지는 위압적이 될 수 있고, 아들은 통제가 어려워질 수 있다. 성령도 너무 많으면 나쁠 수 있는데, 이는 만나는 사람마다 모두 개종할 사람으로 보는 전도사 콤플렉스가 있는 사람을 상상해 보면 알 수 있다.

이렇게 우리는 한 유형에 빠지지 않도록 우리를 빛으로 인도할 책임을 지고 어둠의 춤에 함께하는 연금술사를 필요로 한다.

4. 침묵의 춤(영혼의 완전한 휴식)

연금술사는 납을 금으로 변화시켜서 심리적인 상처를 치료하고, 자신이 갖고 있는 파괴적인 힘에 의해 손상된 영혼을 치유한다. 이렇게 연금술사가 납을 금으로 변화시키듯이, 우리는 영혼 안에 있을 때, 자신의 모든 면을 만날 수 있다. 여기서 독특하고 끊임없이 변하는 속성을 지닌 신비스러운 자신의 본질을 발견하게 된다. 영혼은 유동체이며 변화무쌍하다. 영혼 안에서 원형의 영역은 견고한 특성이나 규칙 또는 경계로 정의 내려지지 않는다.

여성적인 에너지는 '인식하기'에 뿌리를 둔다. 남성적인 에너지는 '행동'을 향한다. 이 두 가지 사이에 역동적인 균형을 만들어 내기 위해 촉매를 필요로 한다. 이 촉매가 '바라보기'이다.

우리는 '흐름' 안에서 여성적인 가르침을 받아들이고 '스타카토'에서 남성을 찾아내며 '혼돈' 안에서 이 두 가지를 통합한다. '영혼의 노래'는 자아실현의 리듬으로서 그 안에서 가장 확장된 자신을 경험한다. 그러나 연금술사를 필요로 하듯 '침묵의 춤'에서 우리는 신비스러운 자신의 본질을 만나게 된다. 여기서 우리는 가장 깊은 영혼이 휴식을 취할 수 있게 되는 것이다.

흐름

흐름이란

흐름 Flowing은 유동적이고 느슨하며 유연하고 나긋나긋한 상태다.

흐름이란 리듬은 5개의 리듬 중 첫 번째 리듬으로서 지구의 리듬이라고 말할 수 있는데, 이 리듬은 우리를 개인적인 에너지의 흐름이나 성향에 연결시켜 준다.

세상의 마법을 벗어 버리기에 충분할 정도로 격렬하게 오랫동안 춤을 추면, 내면의 리듬이 세상의 마법을 대신하게 되고, 그때 진정으로 우리가 누구인지 그리고 우리의 잠재력이 얼마나 위대한지를 알아차리게 된다.

우리는 모두 우주의 흐름에 연결된 채 태어났는데, 자라면서 사회화되고 지식을 얻고 동화되면서 종종 삶의 원천에서 떨어져 나가기도 한다.

성장한다는 것은 잘한다고 칭찬만을 받는 것은 아니다. 슬프게도 그것이 우리를 본질적인 특성과 육체적인 자기로부터 분리시킨다.

우리에게 상처를 주는 것이 또 있는데, 그것은 공포, 무리한 시도, 자의식, 게으름, 스트레스와 걱정으로 이 모든 것들은 흐름을 얼어붙게 한다. 우리가 본래의 자기로부터 멀어지면 느낌과 집중력을 잃게 된다. 자신과의 접촉이 완전히 끊어지고 다른 사람에게도 주의를 보내지 않는 상태, 마음의 문제가 있는 이런 몽유병 같은 상태는 바로 우리 신체에 반영되는 것이다.

자신이 가치 없다고 생각될 때 가슴은 처지고 머리는 앞으로 숙여진다. 이렇게 몸은 절대로 거짓말을 하지 않는다.

우리는 자기 혼자만으로도 이 세상에서 충분하다고 생각하지만 실제로는 거대한 우주의 마음 밭에서 떠다니는 것이다. 흐름을 안다는 것은 우리가 어떻게 숨을 들이쉬는지 자각하는 것이며, 몸의 내면에서 끊임없이 춤추고 있는 리듬을 느끼도록 하는 것이다. 이 리듬 안에서 우리는 자신이 생명의 주기와 밀접히 연결되어 있으며 논리 이전의 직관적인 상태로 돌아감을 느낀다.

또한 마치 어린아이가 된 듯 우리 주위를 둘러싼 세계를 열정적으로 이해타산 없이 그대로 흡수한다.

이처럼 아이로 돌아가게 되면 자연은 본능과 에너지 흐름에 기반을 두고 신체에 익숙해지는 충분한 시간을 우리에게 제공한다.

자연은 또한 우리에게 어머니, 즉 우리 안의 어머니와 우리 밖의 어머니 그리고 우리 모두를 양육하는 위대한 모성에 눈뜨게 한다.

흐름의 리듬에서 사람들의 몸은 선회하며 그들 자신의 축을 따라 돌아가고 거기서 지구의 회전운동이 있음을 알아차린다. 이어지고 원을 그리고 연결되는 모든 움직임이 대표적이다. 우리가 자신의 흐름에 있을 때, 우리가 해야 하는 것은 마치 최면에 걸린 듯이 걷는 것이다.

나 같은 경우는 몇 시간 동안 배에 타고 있다가 내려서 땅에 발을 디디는 순간, 아 살았구나 하는 느낌이 많이 든다. 물론 멀미를 해서 그런

것도 있지만, 언젠가 배를 타는 선원들이 한곳에 정착하기 어렵다는 말을 들은 적이 있는데 그것도 같은 이유로 생각된다. 자기의 지지 기반이 계속 흔들리는 상황에서는 안정감을 느끼기 어렵다.

흐름, 거기에는 사물 사이에 구별이나 분리가 없고 끊임없는 변화만이 존재한다. 우리에게는 이러한 흐름이라는 리듬에 복종하지 않고 저항하려는 경향이 있는데, 그것은 삶이 예측 가능하고 안전하기를 바라기 때문이다. 설령 그것이 지루한 삶이라도 말이다.

흐름의 특징

흐름이라는 리듬은 우리를 개인적인 에너지의 흐름이나 성향에 연결시켜 준다. 호흡의 초점을 들숨에 두고 계속 이어지는 느낌으로 몸을 움직인다. 하나의 동작이 다른 동작으로 바뀔 때에도 계속 흐르는 느낌을 유지한다. 끊임없이 변화되는 동작을 민감하게 느껴 본다.

흐름의 의미와 상징

태아에서 2세까지의 리듬이다. 어머니 뱃속의 아이는 양수 안에서 유동적이고 부드러운 움직임을 한다.

중국의 만리장성, 돌고래, 파동, 사막의 모래언덕, 가우디의 건축물, 승무의 치마, 독수리, 나룻배, 도로를 따라 달리는 자동차들, 비행기의 선회 등이 흐름의 이미지다.

흐름의 원형

원형(原型)에 대해 두산백과사전에서는 이렇게 정의하고 있다.

본능과 함께 유전적으로 갖추어지며 집단 무의식을 구성하는 보편적 상징. 민족이나 문화를 초월하여 신화, 전설, 문예, 의식 따위의 주제나 모티프로 되풀이되어 나타나는 것으로 오랜 역사 속에서 겪은 조상의 경험이 정형화되어 계승된 결과물이다.

흐름에는 세 가지의 원형이 존재한다. 그것은 영혼의 여성성이 엄청난 아름다움과 격렬한 힘 그리고 동물적 매력을 나타내는 특정한 에너지 장이다.

우리 개개인의 깊은 곳에서 자연을 갈망하는 어머니Mother가 있고, 불같은 열정을 참지 못하는 여인Mistress이 있으며, 지혜 속의 고요한 성모Madonna가 있다. 그리고 리듬의 울림이 있을 때 그것들은 모두 터져 나오게 된다. 이때 사용되는 원형의 이미지는 서양의 기독교적인 사고와 전통에서 나온 이름이다.

① 어머니

어머니는 우리 내부에서 아무것에도 고정되지 않고 모든 것이 파동 속에서 움직이는 곳으로 우리를 이끌고 간다. 또한 우리의 영혼에 스스로를 내맡기고 싶다면, 의지해야 할 필요가 있는 본능과 생존의 방법이 존재하는 영역으로 우리를 인도한다. 내맡긴다는 것은 다른 차원으로의 문을 여는 열쇠이며 자신을 벗어나서 계속 나아갈 수 있도록 허용한다는 것이다. 우리의 내면에는 우리가 무엇을 언제 필요로 하는지 알고 있는 그 무언가가 있다.

우리 사회는 모계사회다. 어머니의 몸을 통해 이 땅에 나왔고 대지에 의해 양육되었다. 어머니의 피가 우리의 핏줄에 살아 있다. 대지의 영혼은 모든 것에 존재한다. 어머니는 우리를 속박하기도 하고 자유롭게 풀어놓기도 한다. 속박과 자유, 그것은 우리에게 달려 있다.

어머니는 모든 다른 원형의 초석이다. 그녀의 현존 없이는 어떠한 지지도 받을 수 없으니 최후의 보루인 셈이다. 그녀의 현존은 우리가 춤 그 자체를 출 수 있는 굳건한 반석을 제공한다. 우리에게 몸을 준 우리 자신의 어머니와 같이 그녀는 우리의 존재에 집중하고 명확하게 하는 모든 신비한 힘이 모이는 장소다.

● 인식하기
  - 차를 한 잔 들고 나만의 세계를 주의 깊게 관찰할 수 있는 편안한 곳에 앉는다.
  - 내 몸을 따라 도는 혈액에 집중한다.
  - 숨처럼 내 몸에서 가장 잘 흐르는 혈액을 느끼며 나와 내 조상의 몸을 통해 수백 년간 혈관을 돌고 있는 혈액으로 나의 내력을 찾아본다.
  - 과거, 현재, 미래, 거기에는 어떤 이야기가 숨어 있는지 질문해 본다.

● 행동하기

    – 흐름의 리듬에 맞춰 천천히 움직인다.

    – 각 신체 부위의 무게를 느껴 본다(머리와 어깨, 팔과 손, 가슴, 엉덩이, 다리).

    – 발에 느껴지는 이 무게에 온몸을 맡기고 미끄러지듯이 움직이게 한다.

    – 잠시 뒤 바닥에 누워 지면에 온몸을 맡겨 본다. 바닥을 사랑하는 사람이라고 생각하고 바닥과 함께 움직인다.

    – 방향을 바꾸어 다른 쪽으로 구르면서 물결치는 파동이 내 안에 있는 것처럼 그것들이 옮겨 가는 것을 느껴 본다.

② 여인

여인은 갖가지 느낌에 대해 늘 깨어 있고 몸을 따라 그 자취를 좇으며 춤에 엄청난 생명력과 에너지를 부여해 주는 우리의 한 부분이다.

우리는 여인의 에너지를 언제나 섹시하고 상대를 유혹하는 부분이라고 생각한다. 하지만 무엇이 우리를 섹시하게 만드는가?

열정적으로 생동하고 자신의 감정에 솔직할 때 호감이 가고 매력이 있어 보인다. 풍부하고 정서적인 삶에 뿌리를 둔 사람들은 매력이 있다. 상처 받기 쉬운 성격은 지칠 대로 지친 감수성을 무력하게 만든다. 우리가 만일 가슴이 움직여서 마음이 끌린다면 다른 사람들도 그럴 것이다. 뼛속 깊은 곳에 있는 느낌, 즉 공포, 분노, 슬픔, 기쁨, 측은한 마음과 접촉하지 못한다면 다른 사람들과 성공적으로 의사소통하며 오랜 관계를 유지할 수 없을 것이다.

자연스럽고 사랑스러운 관계를 가지려면 당신 자신의 감정뿐만 아니라 다른 사람의 분위기를 읽고 그들의 몸을 잘 알아차리며 정서적으로 무언가를 필요로 하는 타인의 감정을 그야말로 정서적으로 받아들일 줄 알아야 한다.

또한 우리와 아주 다르게 느끼는 사람과 함께할 때에도 정서의 뿌리를 어떻게 유지할 것인지, 어떻게 당신의 감정에 충실할 것인지 알아야 한다. 때로 당신의 가슴이 상처를 입기도 하고 상처를 주기도 한다. 가슴이 얼마나 깊은지를 알려면 두 가지를 모두 경험해 봐야 한다.

인간이라는 존재는 감정이 상할 수밖에 없다. 감정을 완전히 닫아 놓고서 피해 갈 수 있는 방법은 없다. 대신 그것을 춤을 추어야 하는 이유로 활용하라.

사람들과 춤을 추는 것은 사랑에 빠지는 연습을 하기 위한 가장 좋은 방법이다.

같은 리듬 안에서 사람을 만나는 것은 아주 솔직하고 숨김없는 것이다. 어떻게 움직이느냐가 당신이 누구인가를 나타내 준다. 리듬은 우리를 발가벗기고 완전히 노출시킨다. 처음에는 사람들 속에서 춤을 출 때 자의식에 압도되지만 곧바로 아무도 당신을 바라보지 않는다는 것을 깨닫고 긴장을 풀며 불안에 대해서는 까맣게 잊게 될 것이다.

모든 사랑하는 사람들에게 필요한 여인의 기술을 일깨우고 연습할 만한 안전한 천국이 필요하다.

● 인식하기

- 몸의 각 부분에 있는 정서적인 에너지에 집중하면서 머리, 어깨,
  팔꿈치, 팔, 등뼈, 엉덩이, 무릎, 발을 명상한다.
- 천천히 어떤 감정을 어디에 저장하고 있는지 알아차린다.
- 이러한 느낌들을 알아차리면서 그 느낌들이 이야기를 풀어놓도
  록 한다.

● 행동하기 I

- 발은 발바닥에 뿌리를 내린 채로 최대한 빨리 흐름의 리듬으로
  움직인다. 다리가 계속 움직이도록 하면서 그 다리의 움직임을
  따라가 보자.
- 당신보다 엄청나게 큰 힘에 의해 움직여진다는 느낌이 올 때까지
  멈추지 마라.
- 만일 특정한 느낌을 감지하게 되면 타인의 춤 속에서 그 느낌에
  집중하고 그것이 당신의 춤 안에서 움직여지도록 내버려두라.

● 행동하기 II

- 붉은색 멋진 옷을 입고 음악을 아주 크게 튼 채 맨발로 방 안에서
  홀로 춤을 춘다.
- 자유를 느껴 본다. 놀랄 만한 여성적인 영혼의 모든 면을 해방시
  켜라. 당신의 몸이 고함을 지르면서 실제로 살아 있도록 하라. 진
  동하고 전율하며 흥분에 몸을 떨도록 당신의 감정적인 자아의 모

230

든 한계를 즐겨라. 모두 되살아나도록 한다.

－눈을 감고 당신 자신의 어둠 속에 가라앉아서 내부에서 뿜어져
  나오는 사랑의 빛을 알아차리도록 한다.

③ 성모

우리 내부의 성모는 늘 다른 차원에서 한쪽 발을 딛고 있다. 그것은 우리 내부의 신비스러운 부분이다. 성모 에너지를 개발하려면 때로 침묵을 수련하는 것이 현명하다. 다른 여성적 원형들과는 달리 성모는 아무리 나빠져도 순수한 자아 탐색자다. 성모의 마음과 연결이 끊어지거나 지치게 되면 우리는 경외감과 놀라움의 감각을 잃게 된다.

흐름은 나의 내부와 나를 둘러싸고 흐르는 에너지에 주의를 기울이는 법과 느림에 대해 가르쳐 준다. 이러한 존재의 상태에서는 산, 나무, 까마귀, 바위, 돌멩이 하나하나가 끊임없이 떠오르는 이런저런 생각들 저 아래에 있는 진실한 마음에게 말하는 목소리를 듣게 된다.

북을 치면서 둥글게 도는 것은 마음을 비우는 훌륭한 방법이다.

성모의 느낌은 충만하면서도 동시에 텅 빈 느낌이다. 성모는 개인적인 직관뿐만 아니라 우리를 타인과 세상으로 연결시켜 주는 부족tribe의 본능을 일깨우기도 한다. 모든 공동체는 독특한 에너지의 몸과 마음 그리고 영혼을 가진 개인과 같다. 여성적인 흐름에서는 우리가 내향적인지 외향적인지 알게 하는 모든 파동에 수용적으로 된다. 그 진동의 저변에는 우리 모두 같은 부족 사람들이란 것이 내재되어 있다.

이 지구상에서 혼자가 아니라는 것을 알기 위해서 우리는 서로 연결

되기를 원한다.

● 인식하기

　－자신의 몸 각 부분에 자기도 모르게 무의식적으로 감춰 둔 어떤
　　사고방식, 신념, 신조가 있는지 찾아본다.

　　(예: 나는 매력적이지 않아, 사람의 눈을 들여다보면 안 돼, 내 가슴은 너무
　　작아, 내 허벅지는 너무 굵어, 등등)

　－무엇이 당신의 머리를 앞으로 숙여지게, 어깨는 축 처지게, 어금
　　니를 꽉 다물게 하며 엉덩이를 닫게 만드는지 찾아본다.

● 행동하기

　－아주 빠르고 유연한 흐름에 맞추어 춤을 춘다.

　－균형을 잡을 수 없거나 자신을 통제할 수 없는 상태에 이르렀을
　　때 느리게 움직인다.

　－자신의 흐름을 멈추지는 말고 아주 느린 움직임으로 잦아들어라.

　－느리고 빠른 흐름 안에서 왔다 갔다 하면서 쓰러졌다가 바닥에
　　닿기 전에 몸을 일으켜라.

흐름 연습하기

① 연습 I

　－발이 대지에 뿌리를 두고 있다고 느낀다.

- 호흡을 통해 숨을 들이쉴 때 당신의 팔을 들어 올리도록 한다.
- 들숨에 올라가고 날숨에 내려가고, 배꼽에 집중하여 움직임을 계속한다.
- 마치 꽃이 피어나는 것처럼 온몸을 확장하여 들숨에 몸이 커지고, 꽃이 지는 것처럼 날숨에 몸이 작아지며 온몸이 수축된다.
- 하나의 움직임이 다른 움직임으로 변해 가는 것을 느끼며 움직임을 호흡과 함께한다.

② 연습 II
- 발을 마음껏 움직여서 공간의 구석구석을 다녀 본다. 자신을 둘러싼 공간을 느껴 보고 거기에 사랑하는 사람이 있는 것처럼 움직인다.
- 자신의 흐름에 맞추어서 속도를 바꾸어 마치 꿀 속을 걷는 것처럼 감미롭게 춤을 추며 움직인다.
- 자신이 동그란 곡선이라고 상상하면서 팔은 아주 둥글게, 등뼈는 물결치듯이, 손은 아주 부드럽게, 엉덩이 또한 부드럽게 돌리고, 무릎의 긴장을 풀어 이완한다.
- 몸이 부드러운 대지의 계속되는 변화처럼 몸이 원형으로 흔들리게 한다.
- 억지로 무엇을 하려는 어떠한 노력도 하지 말고 그저 흐르도록 내버려두어서 스스로 풀어지는 느낌이 나도록 한다.

스타카토

스타카토란

흐름에서는 우리가 땅에 연결되어 있는데, 스타카토Staccato에서는 불 속에 있게 된다. 대지는 단단하고 감각적이다. 불은 타오르고 소멸된다. 불은 양(陽)이고 열정적이며 우리 내부의 이러한 에너지를 일깨운다. 열기는 몸을 통해 퍼져 가고 해방된 열정으로 춤추게 만드는 원동력이다. 스타카토는 당신의 에너지와 정열을 만나게 하는 길이며 다른 사람에게 표현하는 방법이며 외부세계에서 자신을 드러내는 행위다.

스타카토는 그저 존재하는 것이 아니라 행위하는 것이다. 어떤 것에 대해 그저 생각하는 것이 아니라 행동을 취하는 것이다.

예를 들자면, 잠에서 깨어날 때, 침대에서 빠져나오지 못하고 우물쭈물 이불을 끌어안고 비비대고 있는 것이 아니라, 자명종 소리와 함께 용수철처럼 침대를 박차고 튀어나와 샤워를 잽싸게 마치고 옷을 차려입고 집을 나서는 데 20분도 걸리지 않는 모습과 흡사하다. 또 하나 예를 들자면, 식당에서 손님의 주문소리만 들리면 갑자기 몸을 돌려 손님에게 달려갈 수 있도록 마치 먹이에게 달려들 준비가 된 동물과 같은 자세를 취하고 있는 웨이터의 움직임은 심장의 맥박과 내적인 리듬에 의해 움직이는 것처럼 보인다.

도시에 오랫동안 살게 되면 스타카토의 리듬이 내면에 확실히 자리 잡게 된다.

스타카토의 특징

흐름이 안으로 흡수하는 것이라면 스타카토는 호흡을 밖으로 내뱉는 날숨의 움직임으로 육체적인 피로에서부터 분노에 이르기까지, 고통에서 기억까지, 증오에서 비통에 이르기까지 그 모든 것을 밖으로 풀어 주는 것이다.

춤테라피 세션을 받으러 오는 사람들 중에서 어떤 사람은 자신의 감정을 완벽하게 억눌러서 아무것도 풀어놓지를 않는다. 말을 할 때도 가끔씩 입을 벌리고 얼굴 근육이 퇴화된 것이 아닐까 하는 생각이 들 정도로 아무것도 느끼지 않는 것처럼 보인다. 이런 사람들에게는 크게 음악을 틀어 놓고 큰 소리로 말을 하게 하는 것이 효과적이다. 호흡과 목소리는 심장과 몸을 연결시켜 자신 속에 갇혀 있던 분노를 풀어놓도록 한다.

스타카토는 마치 뼈가 춤을 추는 것처럼 꺾이고, 끊어지며, 직선으로 모든 각도와 모서리를 만들어 내는 움직임이다. 직선들은 커브에서 튕겨 나오고 정확하게 분리된다.

스타카토는 거짓의 성벽과 우리의 본질적 신비를 둘러싼 단단하고 굳어진 고통을 깨어 부순다. 기억이 쏟아져 나와 강한 비트 속으로 사라진다. 움직일 때 에너지가 피부를 뚫고 사방으로 발산된다고 느낄 수도 있다.

자궁 속에서 처음 듣는 소리는 엄마의 심장박동 소리다. 엄마의 몸은 아기가 만나는 첫 번째 음향기기이고 그녀의 심장은 아기의 세포 하나하나에 생명을 불어넣는다. 아기가 세상으로 나갈 준비가 끝난 그 순간에 세상으로 아기를 밀어내는 것은 엄마의 스타카토 에너지다. 숨을 크게 들이쉬고 훅 내쉬면서 엄마는 아기의 흐름 속으로 아기를 불러낸다.

어떤 이들은 자신의 스타카토 에너지를 두려워하고 자유를 박탈하고 힘을 제한할 것 같은 경계들에 저항한다.

하지만 경계선이 꼭 우리를 에워싸는 것이 아니라, 우리가 가는 길을 지켜 주는 것이다. 바람의 터널은 바람의 에너지를 담고 있으며 그것을 흘려보내고 바람의 에너지를 증폭시키는 것이다. 댐은 물의 흐름을 조절하고 그 에너지를 이용하는 것이다.

앞으로 설명할 '아버지'의 원형은 이러한 경계를 만들 수 있도록 도와준다.

● 해 보기

① 날숨의 소리와 그 힘에 집중해 본다. 아주 세게 숨을 내쉬어라. 모든 움직임을 풀어놓는 것처럼 숨을 내쉬어라.

② 공기를 밀어내는 것처럼 몸의 추진력과 연결해 본다. 마치 당신의 몸이 거대한 심장이며, 심장이 펌프질하고 고동을 치는 것처럼 움직여 보라.

③ 움직임을 날카롭게 하고 각각의 움직임이 그다음 움직임과는 별개의 것이며, 분리된 것이 되게 하라. 구부러진 각도, 들쭉날쭉

한 모서리, 태권도, 움직임 따라 하기를 생각해 본다.

④ 힘 있게 직선이 되도록, 주위에 경계선을 만들고 자신을 뚜렷하게 나타내 보라.

⑤ 처음에는 움직임을 과장하여 크게 움직이고 그것이 몸에 익었다고 느껴질 때 더 이상 일부러 움직이려고 노력하지 말고 계속 숨을 쉬어 본다.

스타카토의 의미와 상징

스타카토는 아동기의 리듬이다. 3~19세의 주의가 산만한 시기로, 이걸 하다가 금방 다른 걸 하고 친한 친구들을 만들며 인생의 청사진을 그려 보고, 자신의 한계를 시험해 보기도 한다. 순간적으로 감정이 변화하는데 한순간은 의기양양하다가 금세 꽁무니를 빼고, 무엇이 되기를 그렇게 원하다가도 앞에 나서기를 두려워하며 들뜨고 무안해지고 경건해지며 감사해한다. 그리고 압박감이나 호기심이 발동하기도 한다.

신체의 부분은 무릎을 나타내는데, 이는 독립을 말한다. 누워만 있다가 기어 다니기는 독립의 시작이며, 심리적인 발달의 단계로 보자면, 스타카토는 에고가 표현되는 것을 의미한다.

또한 스타카토는 남성적인 에너지다. 우리는 모두 좋든 싫든 간에 남성적인 세상에서 어떻게 행동해야 하는지 배워야만 한다. 삶을 5년 계획에 맞춰 살 필요는 없지만 그것들을 충분히 준비하여 이 세상에서 기능할 수 있도록 기한을 지키고 계획을 따르며 결정을 내릴 수 있으면 된다.

여성적인 특성이나 예술적 충동을 희생할 필요도 없다. 실제로 그것을 해 나가다 보면 우리의 삶이 더욱 조직화되고 구조화된 패턴으로 자연스럽게 전개되는 것을 발견하고 놀라게 될 것이다. 어떤 특정한 상황에서 또는 우리의 본래 경향이 결정을 내리는 것이 아니라 하더라도, 때때로 우리 모두의 내부 깊숙한 곳에 숨겨진 남성적인 에너지의 보루 속으로 접근할 수 있게 될 것이다.

스타카토의 원형

① 아버지

가브리엘 로스는 스타카토 안에 있는 아버지Father의 원형에 대해 비교적 길게 상세히 설명하고 있다.

아버지는 우리의 한계를 알고 있으며 경계선을 표시한다. 그것은 또한 보호를 하며 책임을 지기도 하는데 우리의 내적인 아버지는 최상이 무엇인지를 알고 있다. 강하고 무거운 비트로 몸이 남성적인 존재로서의 삶을 다시 생각하게 만들어 준다.

아버지는 우리 몸과 영혼의 남성적인 의식이며 활동적이고 실천적이며 보호하는 부분이다. 목표를 정하고 미래를 위해 계획을 세우며 세금을 내고 전화번호를 기억하게 하는 부분이며 우리가 알고 있는 그 실제 세계, 즉 현실의 실제적인 계획을 수행하는 부분이다. 그것은 영화감독이며 경영 컨설턴트, 교통경찰, 안무가, 출판인이고 에너지의 흐름을 명확하게 만드는 그 누구도 될 수 있다.

실제로 아버지의 에너지가 무엇인지 잘 알아보고 싶다면 당신이 가장 좋아하는 유명한 레스토랑의 지배인이나 매니저를 만나보면 된다. 종업원, 테이블과 식기를 나르는 사람들, 손님, 바텐더, 계산과 예약을 하나도 빠트리지 않고 챙기는 매니저가 바로 완벽한 아버지다. 혹 그 사람이 여성으로 눈부시게 하얀 옷을 입고 있고 있다면 마치 아버지가 여인의 옷을 입고 있는 절묘한 조화를 보게 될 것이다.

또한 가브리엘 로스는 자신 안에 있는 아버지의 모습을 발견하기 시작한 모습을 이렇게 설명하고 있다.

내가 수업을 시작하던 초창기에는 한 가지 연습을 거의 반복하지 않았고 그것들을 계속 새로운 것으로 만들거나 다른 것으로 옮겨 가곤 했다. 내 친구는 나에게 이런 말을 했다.

"너는 내가 아는 그 누구보다 많은 워크숍을 해 왔는데 내용을 기록하는 걸 본 적이 없어." 나는 이 문제에 대해 생각해 보았고 진행과정을 좀 더 천천히 하면서 그것들에 대해 더 깊이 들어가 보는 것이 좋다는 것을 깨달았다. 그리하여 모두를 연결하는 것처럼 느껴지는 움직임의 패턴을 바라보는 대신, 그것들에 이름을 붙이고 그 영역에 들어가는 특정한 방법을 만들어 내기 시작했다. 이렇게 해서 다섯 개의 리듬이 만들어지기 시작했다. 나는 시작과 끝, 선과 경계선, 대답과 권위의 세계로 들어갔다. 그러자 내 안에서 아버지가 서서히 드러나기 시작했다.

－『춤테라피』(박선영 저, 2005: 148)－

한 여성이 강인하고 남성적인 분위기를 찾으려고 카우보이 부츠를 사면서 그 부츠가 영웅적인 분위기를 가르쳐 줄 것이라고 생각할 때, 여기서의 영웅이란 배트걸이나 〈지. 아이. 제인G. I. Jane〉을 말하는 것은 아니다. 그것은 단지 꿈을 찾아내서 그 꿈이 현실로 되살아날 수 있게 하는 자신의 어떤 부분을 말하는 것이다.

이 여성은 이제 시계 알람소리에 맞추어 침대에서 벌떡 일어날 수 있을 것이다. 커피와 담배를 끊고, 자기의 행동 리스트를 만들 뿐만 아니라 자기를 공격하는 사업 파트너에게 맞설 수 있는 에너지를 찾아내기도 하고, 입버릇이 더러운 남자친구에게 썩 꺼져 버리라고 말할 수도 있을 것이다. 아마도 이런 모든 것들을 이루기 위한 첫 번째 행동으로 빨간 카우보이 부츠나 검은색 도마뱀 가죽으로 만든 끝이 뾰족하고 박차가 달린 카우보이 부츠를 사는 것이다.

아버지는 감정의 기복을 참고 견디는 면이 있다. 어떤 사람은 자신의 아버지 에너지를 사무라이라고 표현할 수 있을 것이다. 또 어떤 이는 자신의 절반은 안내자이며 나머지는 그 안내를 받으며 묵묵히 걷는 사람이라고 말한 적이 있는데 그 사람은 여행에서 순간적으로 방향과 목적지를 직감적으로 알아차리기도 하고, 샐러드에 양파를 넣을 것인지 말 것인지를 30분 동안 곰곰이 생각해 보기도 한다. 이렇게 우리 내부에 존재하는 아버지의 세계는 약간 독특한 성격을 창조하는데 이들은 모두 역할을 하는 대상이고 스승이며 조언자들이면서 고도의 기술을 충분히 익히고 자신들의 사랑을 다른 이에게 전해 주는 사람들이다. 그것이 최상으로 발휘될 때 아버지의 에너지는 규율에서 영감으로 변형된다.

스포츠는 아버지의 영역이다. 실제로 스키, 수영, 운전, 암벽타기, 요가 또는 발레처럼 어떤 특정한 규칙과 움직이는 방법에 따라 당신의 몸을 훈련하는 모든 활동이 아버지의 원형이다.

가브리엘이 자신의 워크숍에 참가한 한 참가자의 변화를 보고 이야기한 것을 살펴보자.

보스턴에서 있었던 〈몸과 영혼 Body & Soul〉 회의에서 내 세션이 끝나자, 밝은 청록색의 티셔츠를 입은 몸집이 큰 여성이 매우 흥분하여 내게 다가와서는 "내가 당신 워크숍을 함께한 지 일 년쯤 되었어요."라고 말했다.

"그 경험을 하고 나서 어떤 난관이 있을지라도 이 다섯 개의 리듬을 일주일에 세 번씩 연습하기로 단단히 마음먹었죠. 나는 정확하게 내 느낌대로 춤을 추라는 당신의 충고를 따랐어요. 지치거나, 절망하거나, 우울하거나, 흥분되거나, 아주 행복할 때도요. 보시면 알겠지만 살이 45kg이나 빠졌어요." 그녀는 실제로 살이 너무 많이 빠져서 알아볼 수가 없었다.

그녀의 아버지 에너지는 계획을 세우고 실천에 옮기며 자신을 드러나게 하였다.

이러한 과정에서 그녀는 약을 먹거나 다이어트를 하지 않고서도 자신의 몸과의 관계가 달라졌는데 그것은 그녀가 자유로워졌다는 것이다.

－『춤테라피』(박선영 저, 2005: 152)－

흐름 유형의 사람이나 '지금-여기를 사는' 세대인 우리들조차도 가끔씩은 우리의 아버지를 끌어다 쓰고 미래에 초점을 맞추지 않으면, 휴가를 가거나 파티를 열거나 개인연금 계좌를 갖고 있기 힘들다. 그러나 아버지 에너지에 압도되어 끊임없이 내일이나 다음 주 또는 내년에 대해 생각하는 사람들은 순간을 즐기거나 한 템포 느리게 가는 법을 배워야만 한다. 상기한 바와 같이 스타카토는 남성성의 에너지다.

『도덕경』에 이렇게 쓰여 있다. "남성성을 배워라. 하지만 여성성은 지켜라." 남성성은 반드시 여성성 안에 기초를 두어야 한다. 그렇지 않으면 우리 자신과 모두에게 독설적인 아버지들이 존재하는 것으로 끝나게 된다. 아버지는 우리와 외부세계를 연결하는 다리 역할을 하는 부분이다. 또한 아버지는 여성적인 자아가 우리 고유의 방식과 시간의 리듬에 따라 춤을 추게 만드는 다리다.

● 해 보기
－자기 보호에 대해 생각해 보고, 다음 질문에 대답해 본다.
어떻게 자신의 결점을 가리고, 방세를 내며, 옷을 사고, 세상에서 자신의 길을 개척하는가?
생존의 실제적인 세부 항목들을 어떻게 취급하는가?
물질적인 세상과 어떻게 관계하는가?
그 관계성은 강한가 아니면 약한가?
－자신의 행동방식은 어떠한지 생각해 보고, 다음 질문에 답해 보라.
결정을 과감히 내리는가? 빨리 또는 천천히? 면밀하게?
명확하게 선을 그을 수 있는가?
마음속에서 어떤 일이 벌어지고 있는지 분명하게 표현할 수 있는가? 무엇을 원하는지, 무엇이 필요한지, 그것을 어떻게 손에 넣을 것인지 또는 그것이 자신에게 어떤 영향을 줄 것인지 알고 있는가?

당신은 야망에 따라 행동하는가?

규칙을 따르는가? 방향을 알아내고 지도를 따라 우선순위를 매기고, 대략의 윤곽을 그리고, 형식을 채우며, 물건들을 정리하고, 분석할 수 있는가?

당신은 일을 망치고 흩어 놓으며 존엄성을 잃고, 당신의 결정권을 다른 사람에게 줘 버리고는 그것을 그 사람 탓으로 돌리는가?

●행동하기

-음악 없이 스타카토로 움직여 보라.

-각각의 움직임을 날숨과 연결하고 각각의 날숨에 부드러운 '파, 다, 모, 조, 호, 포'와 같은 스타카토 소리를 더해 보라.

-마치 재즈를 연주하듯이 움직이고 소리를 내 보라.

②아들

아들Son은 '지금—여기'에 있으며 물리적 현실이고 확실하며 직접적이고 형식을 만들어 주는 아버지 또는 언제 어디서나 존재하며 무한의 성령 사이에 매달려 있는 난폭한 보트와 같다. 아들의 의식은 이렇듯 전혀 다른 두 개의 현실을 잇는 다리이며, 실재하는 생명인 아버지의 땀을 무형의 지성인 성령의 꿈에 연결시켜 주고 이러한 양극성을 우리의 가슴속에 심어 주는 것이다.

아들은 배교자(背敎子)이며 자신을 둘러싼 포위망을 밀어젖히고 자신의 열정대로 행동하며 꿈을 실현하는 반항아다. 그냥 반항아가 아니라

약삭빠른 방법을 써서 족장의 권위를 무너뜨리는 책략가다. 영원한 사춘기이며, 유행에 민감하고 열정적인 아들은 예측불허의 익살꾼이며 광대다. 아들은 안전하지 않고 좀처럼 미안해하지 않으며 사랑을 위해서라면 언제나 바보가 될 준비가 되어 있다. 우리의 영혼 안에는 우리가 상상하기에 최고로 멋진 사람 되고 싶은 자유, 그 자유를 동경하는 길들여지지 않은 부분, 즉 동정심 없는 남성성이 존재한다. 아들의 모습은 한결같이 금기를 깼던 사람들이다. 이사도라 덩컨이나, 고리대금업자들을 쫓아내고 40일 동안 광야를 돌아다녔던 예수의 한 모습이다.

아들은 빈털터리가 되어 어떻게 할지를 선택할 때 존재하는 나의 한 면이다. 야성의 일부가 되는 것이다. 지나가는 자동차 세워 타기, 행진하기, 피켓 들고 시위하기, 데모에 참가하기, 싸구려 음식 먹기, 소리 지르기, 베를린 장벽의 반대편에서 체포되기 등의 이미지다.

우리 내면의 거칠고 남성성이 절정에 올라 있는 부분은 환희의 무아경을 추구한다. 가두거나 포장하거나 누구에게도 팔아넘길 수 없는 그것은 초현실적인 자아에 의한 완전한 열정 그 이상을 원한다. 아들은 성배를 찾기 위해 또는 용과 싸워 무찌르기 위해 영웅의 길을 떠나는 우리 내부의 한 부분이다. 또한 고정된 모든 이미지를 부수어 버리는 거울 속의 인간이다.

아들은 우리를 흥미롭게 하며 예측 불가능한 곳에 존재하고 예측 불가능한 에너지를 체화하면서 우리를 위한 게임을 시작한다. 필요한 것은 열정과 집중력, 진실함과 현실적이면서도 위험을 감수하려는 마음뿐이다. 균형은 필수다. 아들의 에너지가 너무 많으면 위험스럽고 너무 적으면 지루하다. 마치 김치에 넣는 고춧가루처럼 말이다.

그러나 진정 야성적이고 자유로우려면 머리가 아니라 가슴을 따라야만 한다. 외부에서는 자유의 이미지를 찾을 수 없다. 우리에게 맞는 것이 무엇인지 찾아내기 위해서는 자신의 내부 깊숙한 곳을 찾아 내려가야만 한다. 자극이 필요하다면 가슴을 바라보라. 깨어나기를 원하고 위험을 감수하며 변화를 만드는 일부분을 찾아보라.

모든 사람들이 입 다물고 앉아 있으라고 하는 그 열정적인 아이를 찾아보라. 많은 사람들은 예의 바른 사람이나 착한 사람 또는 반항아 같은 자신의 특정한 이미지에 많은 시간을 쏟으면서 자신의 이런 위험한 영역에서 도망치려고 한다. 그것은 마치 입 안에서는 어금니를 부득부득 갈아대면서 "나는 화나지 않았어."라고 말하는 것과 같다.

우리는 자신의 느낌이 진실하다고 인정하고 그 느낌을 다른 사람들과 함께 나누어야만 한다. 홀연히 옛것을 버리고 원시 그대로의 순수하고 새로운 영역으로 힘차게 나아가야만 한다. 자유로운 행동이란 자신의 길들어지지 않은 부분을 필요로 한다.

아들은 감정적인 표현을 하게 하며 어떤 대가를 치르더라도 진실을 말하게 하는 영혼의 한 부분이다. 여성적인 분위기에서 우리는 느낌을 알아차리고 몸을 통해 그것을 따라가며 그것이 의미하는 메시지를 받아들이게 된다.

남성적인 분위기에서는 이러한 느낌을 전하려고 시도하게 되고 그것을 통해 다른 사람들의 마음과 연결되도록 애쓴다.

아들은 영혼을 드러내고 마음을 터놓으며 어둠 속에서 춤추는 자신

을 자주 발견하는 바로 그곳에서 가슴이 끝없이 펼쳐진 인연을 따라가
는 것이 정말로 성스러운 일임을 알고 있다.

● 해 보기-인식하기
＊다음 질문에 자신의 이야기를 해 보자.
  －충성을 맹세하는 말을 지어내 본 일이 있는가?
  －우울한 영화를 빌려 본 적은?
  －나무나 공원의 벤치에 사랑이란 글자를 새겨 본 적이 있는가?
  －차를 벽에 들이받거나 극한의 상황까지 몰고 가 본 적이 있는가?
  －남자라면 귀고리를 해 보거나, 여자라면 문신을 해 본 적이 있
    는가?
  －검은 립스틱을 칠하거나 십자형으로 매달려 보거나 머리를 오렌
    지색으로 물들여 봤는가?

● 행동하기
  －눈을 감고 당신 내면의 분노와 만나 보라.
  －마치 격노한 파도와 같이 발바닥에서 입을 통해 쏟아져 나오는 그
    분노를 느껴 보라.
  －이성적으로 분석하지 말고 분노의 에너지를 경험해 보라.
  －강한 번개처럼 움직이면서 정화되지 않은 에너지를 당신의 스타
    카토 춤에 연결해 보라.
  －아주 강한 분노를 표현하는 춤을 춰 보라. 치료가 아니라 예술이

될 때까지 몇 백 번이고 반복해 보라.

－과거의 흔적 없이, 순수하며 정화되지 않고 완전한 현재가 될 때
까지 비우거나 버리지 말고, 그냥 해 보라.

③ 성령

성령Holy Spirit은 맨 뒷줄에 앉아서 영화를 보고 우리의 멜로드라마적
인 성향에 초연한 목격자다. 그는 진실을 찾는 탐구자이며 탄트라를 공
부하는 수련자다. 우리 모두에게는 어떤 것에 대한 해답, 의미, 삶의 목
적을 적극적으로 탐구하는 성령이 존재한다. 그것은 우리로 하여금 히
말라야로 길고 먼 여행을 떠나 불교에 귀의하여 수행자가 되거나, 종교
적인 철학을 갖고 명상을 배우게 만드는 부분이다. 또한 우리로 하여금
기도하게 하고 어떤 일에 전문가가 되게 하며 신성한 열망을 탐색하기
위한 여러 가지 방법을 찾는 우리 내면의 한 부분이다.

성령은 목격자다. 우리가 다른 사람을 잘 속여 넘기더라도, 우리 내
부의 성령은 진실을 알고 있으며 그 진실이 바로 우리가 누구인지를 말
해 주는 것이다. 성령은 모든 것을 통찰한다. 그것은 성과나 심지어는
우리 자신에 대해서도 어떤 투자를 하지 않는 내부의 증인이 되는 한 부
분이다.

우리가 여태껏 경험한 모든 것에 대해 생각해 보자. 우리가 아는 모든
사람들, 처해 있던 모든 상황, 느꼈던 모든 열망, 가로막았던 장애물, 우
리가 가졌던 관계, 가 봤던 여행지, 입었던 상처와 굴욕감들, 그 모든 것
들에는 들뜨거나 가라앉지 않고, 붙들거나 내버려두지 않는 어떤 부분이

존재한다. 그저 그대로 존재하는 우리 안의 어떤 부분, 그 존재가 우리의 나머지 부분을 일깨울 때 해방이 온다. 아쉬람(라즈니쉬가 인도의 푸나에 세운 명상 수행 공동체)이나 보리수 아래 또는 신의 이름으로 사람들이 모이는 곳이라면 어디에서나 우주적인 패턴과 수호신에 접속하게 하며, 우리 안에 존재하는 더 높은 자아가 바로 성령이다.

그것은 타인과의 상호작용과 행동을 통해서 우리의 진실한 본성이 하나 됨을 찾게 만드는 힘이다. 성모의 에너지가 신성함의 인식, 우주적 하나 됨, 자연의 법칙 속에서 발현된다면, 성령은 개인에게서 집단에게로, 명상에서 기도로, 인식에서 행동으로 옮겨 간다.

성모는 내 마음을 알고 성령은 그것을 표현한다. 사람들은 우리가 생활하는 공간 속에서 하나 됨의 경험, 천국으로 하나 됨의 광활한 느낌 속으로 사라지는 것을 찾는 것이 불가능하며 그것을 찾기 위해 멀리 떠나야 한다고 생각한다. 하지만 그것은 우리 개개인의 내부에 그리고 우리의 영혼 속에 존재한다. 이러한 느낌에 닿기 위해서는 의지력을 가지고 의식적으로 행동하는 노력이 필요할 뿐이다. 이를 위해서 지지받고 지지할 수 있는 공동체가 있으면 좋다. 공동체란 안전한 공간이다.

최대한 주의를 기울이면서 서로의 이야기를 듣는 것은 말을 하는 사람이나 듣는 사람 모두에게 깊은 치유를 촉진시키는 연민의 행위다. 우리 모두는 타인의 시선과 귀 기울임을 필요로 한다. 실제로 우리는 이러한 형태의 배려에 목말라 하고 있다. 모든 사람은 본질적인 배려를 필요로 한다. 다시 말하면 주의를 기울이는 것은 그들의 본질적인 본성에 곧바로 다가가는 것이다. 틱낫한은 공동체를 부처님 다음이라고 말했다.

내가 사람들과 둥글게 둘러앉아 있을 때는 언제든지 그 말이 무슨 뜻인지를 이해할 수 있다. 그 안에 있는 개개인은 고유하며 신성한 춤이고 우주적인 퍼즐의 작은 조각이다.

우리 내부의 성모는 우리가 어떤 식으로 어디에서 만나든, 또는 두 번 다시 볼 수 없는 낯선 이들이라도 함께 춤을 출 수 있는 사람을 알아볼 수 있게 한다. 하지만 성령은 깨달음의 성스러운 일을 함께할 수 있는 영혼을 적극적으로 찾게 만든다. 이러한 일은 오랜 시간의 헌신을 필요로 한다. 그것은 이따금 특별한 환경, 예를 들면 아쉬람이나 선원 또는 춤추는 공간에서 이루어지기도 한다. 우리가 부분이 되어 전체를 느낄 수 있는 그러한 장소, 사람과 영이 충만한 상태가 되는 수련을 하거나 경쟁심과 자의식 또는 비난의 느낌 없이 감각적이고 슬프고 순진한 상태를 경험할 수 있는 곳, 당신의 이야기를 할 수 있는 그런 장소에서 우리는 성령과 만나게 된다.

● 인식하기

＊성령은 당신의 삶과 움직임, 철학과 행위 속에 숨겨져 있다. 어떻게 이러한 에너지를 증명할 수 있을까? 이 세상에서 어떻게 당신의 영적인 본성을 표현할 수 있을까? 다음 질문에 자신의 말로 이야기해 본다.

－영적인 자극에 어떻게 대처하는가?

－가장 암울한 순간에 어떻게 빛을 찾는가?

－당신이 가장 깊은 부분과 연결되기 위해서 찾는 피난처는 어디

인가?

– 너무나 어두운 그 깊은 곳에 빛이 있는가? 눈을 뜬 채로는 바라볼
수 없는 빛이 있는가?

＊누구에게든 개인적으로 또는 신과의 관계 속에서 겪는 고통스러
운 일들이 있다. 성령은 다른 인간의 존재를 조율하고 그들의 깊은
곳에 다가가며, 무언가 실제적인 것을 찾는 부분이다. 이러한 이야
기를 글로 써 보자.

● 행동하기

– 숨을 멈추고 더 이상 참을 수 없을 때까지 움직여 보라.

– 같은 동작을 숨을 쉬면서 반복해 보고 그 차이를 느껴 보라.

– 당신이 호흡을 멈출 때 주로 어떤 행동을 취하는지 알아차려 보라.

– 이렇게 주시하면서 춤을 추는 동안 숨을 멈추는 순간이 느껴지면
그때 호흡을 자연스럽게 놓는다.

– 턱의 긴장을 풀고 입을 약간 벌리는 게 도움이 된다.

혼 돈

혼돈이란

흐름과 스타카토의 리듬이 부딪혀서 혼돈Chaos의 리듬이 창조된다. 실제로 혼돈은 우리의 정신 속에 있는 여성성과 남성성이 가장 잘 만난 상태를 나타낸다.

혼돈은 우리에게 많은 가르침을 준다. 그것은 여성성, 남성성과 같은 모든 불일치가 사라지는 장소다. 상대적인 것이 모든 것을 초월하며 하나로 통합되는 곳, 혼돈에서는 환상의 세계가 펼쳐지는 것이 보통이며, 그래서 그것을 예술의 세계라고 하는 것이다.

흐름은 우리로 하여금 대지와 하나가 되게 하고, 스타카토는 우리의 불을 해방시키며, 혼돈은 우리를 물의 소용돌이 속으로 휩쓸려 가게 한다.

우리의 몸은 90%가 물이며, 그 물은 우리가 타고난 유동적 공간으로 움직이게 만드는 리듬 속에 있다.

『도덕경』에 이렇게 쓰여 있다.

"물처럼 유연하고 부드러운 것은 이 세상에 존재하지 않는다.
단단함이나 완고함이 사라지기 전에는 아무것도 그것을 초월할 수 없다."

우리는 여태 단단하고 완고해져 있으며 혼돈의 리듬은 우리를 파동 속으로 사라지게 한다. 각각의 리듬은 우리에게 특정한 것을 가르쳐 준다.

흐름에서는 우리가 어떻게 고유한 에너지의 흐름에 감각적으로 반응하는지, 어떻게 그것을 따르고, 그것에 진실해질 수 있는지, 그리고 그 에너지를 우리의 몸, 위대한 대지의 몸, 땅 그 자체와 어떻게 하나 되게 하는지를 배우게 된다.

스타카토에서는 우리의 에너지를 어떻게 조직하고 초점을 맞추며 지시하는지, 또한 감정을 어떻게 듣고 표현해야 하는지를 배운다.

혼돈을 통해 우리는 이성적인 마음의 밑바닥에 있는 직관적인 마음으로 뛰어드는 방법을 배우게 된다. 우리의 변덕스러운 마음과 충동, 자연스러움, 창조적 지성이 몸과 가슴을 통해 움직일 수 있는 자유로움과 어떻게 만나게 되는지 말이다. 혼돈에서 우리는 새롭게 태어나며 마음이 가슴과 몸을 통해 흘러가면서 이완된다.

우리가 우리의 에너지에 솔직하게 반응한다면 그 에너지가 무엇이든 결국은 이완될 것이다.

우리가 몸의 그림자 속에 간직하고 붙잡고 있는 것이 무엇이든 마음의 그림자 속에서 느끼기를 거부하는 그 모든 것은, 즉 억눌러 두었던 모든 것은 그것이 무엇이든지 간에 그 하나하나가 모두 우리에게 선물처럼 주어지는 것이다.

혼돈은 어떻게 내버려두는지(허락하는지), 어떻게 알지 못하는 세계로 옮겨 가는지, 어떻게 죽고 새로 태어나는지를 우리에게 가르쳐 준다.

우리는 삶을 한데 결합시키기 위해 모든 것이 안전하고 예측할 수 있는 상태를 유지하도록 필사적으로 노력하지만, 삶은 그런 것이 아니다. 혼돈은 우리를 잘 알지 못하는 것에 매달리게 하고 그것을 탐구하는 방법을 가르쳐 준다.

혼돈의 특성

혼돈은 우주의 특성이다. 만일 심한 감기에 걸려서 독한 감기약을 먹었다면 그것이 모든 몸의 시스템을 혼돈상태로 만들어 버리는 것을 경험하게 될 것이다. 예수는 이 천 년 전에 태어났고 그의 출현은 온 지구를 혼돈에 빠트렸다. 사랑에 빠지면 우리는 혼돈, 즉 통제할 수 없는 야생의 감정에 두려워하는 노예가 된다. 삶은 혼돈이다. 자연도 혼돈이다.

직관은 혼돈스럽다. 만일 혼돈에 대해 두려움을 갖고 있다면, 직관에 접근하기 어려울 것이다. 혼돈은 몸에 충만한 길들여지지 않는 마음이다. 만일 그것으로부터 자신을 해방시킨다면 그 세계는 투명해질 것이고 그것을 책에 쓰여 있는 것처럼 읽을 수 있을 것이다.

혼돈의 리듬은 마음을 일깨우며 발에 그 뿌리를 두고 있다. 혼돈의 춤을 출 때 우리는 한쪽 뇌에서 다른 쪽 뇌로 우리의 마음을 옮기면서 한쪽 발에서 다른 쪽 발로 몸의 중심을 옮기는 독특한 패턴을 가진 발의 움직임을 이용한다. 우리는 각각의 스텝에서 길들여지지 않은 마음이 우리를 감싸도록 허락하게 된다. 정신 또는 정서적인 에너지가 어떤 상태이든 개인적인 방식과 영혼을 표현하는 창조적인 움직임의 패턴을 해방시킨다.

하나의 움직임 에너지로서 혼돈은 그다지 좋은 평가를 받지 못한다. 때로 세션을 진행하다가 이 리듬에 다가가려고 하면 방 안의 분위기가 불안감 속에 위축되는 것을 느낄 때가 있다. 혼돈은 통제할 수 없는 상태를 말하며 이것이 많은 사람들을 두려워하게 만든다. 혼돈의 영어명인 '카오스'는 그리스어 'chaos'에서 왔으며 빈 공간 또는 심연(천지창조 이전의 혼돈)을 뜻한다. 우리 대부분은 텅 빔을 두려워하는데 그것은 우리가 텅 빔을 고립된 상태의 부정적인 힘으로 생각하기 때문이다.

실제로 그것은 긍정적인 공간이며 잠재력과 일상생활의 모든 구속과 틀로부터의 자유를 내포하고 있다. 마치 자신의 몸을 부분 부분 풀어서 긴장과 틀을 빼 버리고 자유자재로 움직일 수 있게 다시 꿰매어 놓은 누더기 인형이 실의 조정에 온몸을 맡겨 버린 채 의지 없이 마음껏 움직여지는 것을 느끼는 것처럼 말이다.

혼돈은 어머니, 여인, 성모가 남성적인 상대인 아버지, 아들, 성령과 하나가 되는 공간이다. 이러한 연금술적인 만남에서 예술가Artist, 연인Lover, 구도자seeker가 태어난다. 이러한 원형은 뒤에 구체적으로 설명된다.

●해 보기
＊누더기 인형처럼 춤을 춰 본다.
–몸의 중심을 앞뒤, 좌우로 움직인다.
–다리의 기본적인 박자를 느끼면서 턱과 목, 얼굴의 긴장을 풀고 당신의 머리가 마음대로 움직이게 둔다.

−밀려들어 오는 호흡과 심장의 박동을 느껴 본다.
−모든 것을 털어 내고 흘러가도록 내버려둔다.

＊자신의 팔이 거대하게 펄럭이는 날개라고 상상해 보라.
−박자에 따라 날개를 움직인다.
−거칠게, 자포자기하듯, 억제하지 말고 춤춰 본다.
−눈을 최소한 반쯤 뜨고 마루에 초점을 맞추어 본다.

혼돈의 의미와 상징

혼돈의 춤을 추는 것은 마음이 몸과 하나가 되게 하고, 직관으로부터 우리를 막고 있는 모든 것을 풀어놓는 행위다. 혼돈은 모든 여성성과 남성성의 원형을 하나로 엮어 준다. 혼돈은 청소년기의 리듬이다. 우리 문화에서 청소년기는 10대의 사춘기에 시작하여 대개 30대까지 이어진다.

혼돈은 깊은 바다로 다이빙을 하는 것 같다. 우리는 자신을 존재의 바다에 내던지고 내면에 떠다니는 거대한 느낌을 휘젓는 그 이미지에 경탄하게 된다. 때로 이런 이미지는 내면에 숨겨지고 부정되어 온 어떤 부분을 나타내는 슬픔을 불러일으킨다. 때로 그것들은 선생님이나 부모로부터 귀에 거슬리는 충고나 꾸지람을 들으면서 욕망과 꿈이 최초로 꺾였던 청소년 시절로 우리를 데려가기도 한다. 이러한 초기의 좌절은, 혼돈이 직관적인 정신으로 가는 관문이며 우리의 운명과 목적, 기여와 현존 그리고 개성을 얻는 열쇠가 되는 아주 중요한 부분이라는 점에서 특히 비극적인 일이다.

혼돈을 보여 주는 이미지

끓는 물, 눈사태, 회오리바람, 롤러코스터, 팝콘 튀기기, 나이아가라 폭포, 믹서로 과일 갈 때의 모습, 온갖 것들이 뒤섞여 있는 고물 창고, 범퍼카, 원숭이 등이 혼돈을 보여 주는 이미지다.

혼돈의 원형

① 예술가

예술가Artist는 어머니와 아버지의 통합이다. 실체가 없는 형태는 속이 빈 껍데기다. 반면, 형태가 없는 실체는 예술가의 아수라장이다. 그 모든 모호함과 창조적 충동과 여성성이 형태를 갖추게 하고 구조를 제공하며 그것들을 분명하게 만드는 것이다. 만일 남성성과 여성성의 에너지가 균형을 잃는다면 통합은 설 자리가 없어지며 예술의 위기를 낳게 될 것이다.

이 균형이란 무엇일까? 만약 어떤 사람이 소설에 대한 열정이 가득 차 소설을 쓰고 싶다고 소설 쓰기에 대한 책을 잔뜩 읽고, 글쓰기 강좌를 몇 번이나 수강하며 최신형 컴퓨터를 준비하고 막상 글은 쓰지 않는다면 어떨까? 훌륭한 무용수가 되겠다는 원대한 꿈을 가진 무용수가 훌륭한 무용복과 발싸개, 재즈신발, 멋진 무용가방 등을 잔뜩 사 놓고 정작 무용 수업에는 한 번도 가지 않는다면 어떨까? 영적으로 성장하고 싶다는 사람이 검은 옷을 입고, 향을 피우고, 프로그램을 찾아다니며 많은 시간을 허비하지만 실제로 자신의 수련은 하나도 하지 않는다면? 훌륭한 계획과는 달리 결과가 전혀 없다. 균형을 잃어 통합이 없기 때문이다.

자신의 격렬한 욕망 위에서 춤추는 것, 순전히 자신의 잠재력에 대한 신념에 의해 충전된 저 어둠 속으로 뛰어드는 것, 그리하여 자신이 살아 있는 예술이 되는 것보다 더 신나는 게 어디 있겠는가? 그렇게 뛰어들 때 우리의 본능과 충동은 어떤 검열도 받지 않은 채 우리 내면을 가로지르고 신성한 탁발승처럼 릴 곡(마주 보고 8자 모양으로 추는 스코틀랜드의 활발한 춤 또는 그 음악)을 출 수 있게 될 것이다. 예술이라는 것이 반드시 거대하거나 무섭거나 두려움을 품게 하는 것이어야 할 필요는 없다.

박물관에 걸려 있는 작품이 아니라 평범한 존재들이 보여 주는 일상적이고 세세한 사실들에 접근하는 것을 예술이라고 이해할 때 우리는 스스로의 능력을 표현하지 못하게 만드는 온갖 금기로부터 해방될 수 있다. 우리 안의 예술가로부터 벗어나면 우리의 영혼은 시들고 야위어 간다. 왜냐하면 예술은 우리를 생생하게 살아 있도록 만드는 것이기 때문이다.

그것이 바로 영혼의 언어인 것이다. 그러한 영혼이야말로 야성적이고 상상할 수 없을 정도의 혼돈 리듬에 의해 진정한 예술이 촉발된다는 것을 이해해야 한다.

모든 사람들이 한때는 예술가였다. 한때나마 예술가가 아니었던 사람을 만나는 일은 마치 영혼이 없는 사람을 만나는 것만큼이나 불가능한 일이다. 물론 그것을 발견하기 위해 조금 깊이 들어가야 하는 사람들도 있지만 그러기만 한다면 금세 그 내부의 천재성이 불가피하게 우리 앞에서 번뜩이며 그 섬광 속에서 자신의 예술적 자아를 드러낼 것이다.

이는 창조적인 영혼에 완전히 사로잡히게 되는 것이다. 숙달된 예술 작품에 함축되어 있는 헌신성, 기량, 비전을 진정으로 이해하는 것은 오직 우리 자신이 창조적인 과정에 온전히 몰입할 때만 가능하다. 우리의 이런 몰입이야말로 패스트푸드, 응급약, 저작권 침해, 복제품으로 가득 찬 우리 시대의 문화에서 대단히 소중한 것이 아닐 수 없다.

나는 모든 사람이 춤을 출 수 있고 춤꾼이 될 수 있다는 것을 알고 있다. 왜냐하면 저 심층으로 내려가면 누구나 춤꾼임을 잘 알고 있고 또한 사람들이 춤에 저항하는 것보다, 오랫동안 세션을 진행해 온 그들이 진정한 춤꾼이라는 것을 알고 있는 나의 지식이 더 강하기 때문이다. 걸을 수 있는 사람은 춤출 수 있다. 이야기할 수 있는 사람은 작품을 쓸 수 있다. 숨 쉴 수 있다면 누구나 노래할 수 있다. 물론 여기에는 실행doing이 반드시 필요하다. 우리가 마침내 창조적인 행위에 전적으로 우리 자신을 바칠 수 있을 때, 우리 내부에 얽혀 있던 매듭들이 풀리기 시작할 것이다.

우리는 모두 저마다 독창적이다. 독특한 삶의 이야기가 있고 각자의 춤추는 방식이 있으며 각자의 영혼에만 말을 걸어오는 노래도 있다. 우리의 영혼은 자기를 표현하고 싶다고 우리에게 말할 것이다. 우리는 그것이 자기를 표현하는 대로 그저 입을 다물고 잘 경청하면 된다. 우리는 자신을 모든 가능성 앞에 열어 두고 직관을 길잡이 삼아 나아가면 된다.

●인식하기

*예술가는 당신의 여성적인 에너지와 남성적인 에너지가 화학적으로 결합할 때 탄생한다. 이 두 가지는 한데 섞여서 독특한 스타일을 표현해 내며 그때 당신은 움직이기 시작한다. 다음을 생각해 보자.

–당신은 어떻게 춤추는가?

–당신은 자신의 흐름 속에 존재하는가 아니면 다른 사람의 흐름에 존재하는가?

–당신은 끊임없이 자기를 유지하는가? 아니면 그저 다리를 질질 끌고 있을 뿐인가?

–당신은 즉흥적으로 춤추는가 아니면 그 모든 것을 연출하기 위해 안무를 해야 하는가?

*자기의 목소리가 하나의 악기라는 것을 인식하자.

–당신의 목소리는 구체적으로 표현되고 있는가?

–당신은 모든 문장을 의문부호로 끝맺는가?

–너무 조용해서 타인들이 아무도 당신의 목소리를 못 듣는 쪽인가? 아니면 타인을 당신 안으로 끌어들이기 위해 고요함을 이용하는가?

–당신은 누구보다도 큰 목소리의 예술을 하기 위해 훈련해 왔는가?

–당신은 레스토랑에서 남들을 멍하게 만들어 버리는가?

–당신 가족은 어떤가? 그들은 소리치는가? 속삭이는가? 아니면 한 마디도 안 하는가? 어느 쪽인가?

－당신의 목소리는 당신의 배꼽 안에서 거주하여 감정과 더불어 울려 퍼지는가? 아니면 건조하고 단조로운가? 또는 쉰 목소리, 다시 말해서 로큰롤의 긁는 듯한 음성을 가지고 있는가?

－당신의 소리에 귀 기울여 보라. 그것이 바로 노래다.

우리 안의 예술가는 자기의 춤, 노래, 시, 퍼포먼스 등을 독특하게 표현한다. 당신의 예술은 당신이 제공할 수 있는 최상의 선물이며 그것이야말로 당신이 행하는 수련의 본질이다.

●행동하기

＊다음을 알아차리며 혼돈의 춤을 추어 본다.

－혼돈의 춤은 현재 당신의 느낌을 정확히 반영하는 춤인가?

－당신은 뭔가 하고 싶은 충동을 느낄 수도 있고, 나른하고 게으른 기분이 들거나 아니면 펄펄 살아 움직이는 듯한 느낌이 들 수도 있다. 무엇을 느끼든지 그 느낌을 이 혼돈의 춤 속에 담아라. 당신이 춤추면서 반복하는 어떤 움직임 그리고 당신의 신체가 행하고 있는 패턴을 빠짐없이 혼돈의 춤에 전하라.

－이러한 충동에 주목하라.

－당신이 가진 모든 것을 혼돈의 춤에 전하고 마침내 그 모든 것들이 다른 어떤 것으로 용해되어 버릴 때까지 그렇게 계속하라.

－혼돈 속에서 물처럼 춤을 출 때도 있을 것이다. 다른 패턴이 서서히 떠오를 때까지 리듬 속에서 긴장을 풀어라.

−다른 패턴이 나타나면 그것을 따르도록 하라. 박자에 온전히 자기를 맡기는 것과 어떤 패턴의 명확한 표현, 이 두 가지 사이에서 이동해 보라.

  −그것이 지적인 추구가 아니라 하나의 유기적이고 직관적인 과정이 되도록 해 보라.

  −당신의 춤에 패턴을 강요하지 마라. 새로운 패턴이 저절로 떠오를 수 있게 하라.

② 연인

연인Lover은 아들과 여인이 통합된 모습이다.

표현이 없는 느낌은 구속된 상태다. 반면, 느낌 없는 표현은 연기일 뿐이다. 연인은 여인과 아들, 매력과 행동에서 태어나는데, 이 두 가지가 자기 내면에서 결합되면 우리는 타인과도 연결될 수 있다.

그러나 이 두 가지가 결합되지 못하면 좌절하고 불만족스러워질 것이다. 자기 내면에서 아들이 여인으로부터 멀어지면, 자신은 연애를 잘 하지도 못하면서 독자들에게 관능적인 세부묘사를 하는 데 온통 시간을 쏟아 붓는 로맨스 소설가 같은 존재가 되고 말 것이다. 이 두 에너지가 균형을 이룰 때 우리 심장이 앞서고 나머지 몸은 그 뒤를 따른다. 우리 몸에 청진기를 대면 박동 소리를 내는 진짜 심장이 아니라 형이상학적인 심장이자 사랑에 빠지는 부분, 즉 가슴의 영혼을 이야기하는 것이다. 우리는 자기 감정을 자세히 들여다보는 것이 두렵기 때문에 냉담한 척 행동하는 경향이 있다. 진정으로 사랑의 힘을 경험하고 싶다면 이 냉담함을 녹여야 한다.

사랑은 열정과 헌신으로 이루어져 있다. 이것은 그 순간에 가슴의 욕망에 완전하고도 충실하게 연결되어 있는 것, 그리고 우리가 무엇을 하고 있든지 또는 우리와 함께 있는 사람이 누구든지 그 앞에 충실히 존재하는 것이다. 열정과 헌신 사이에는 가교가 하나 있고, 우리는 그곳에서 상처를 받을 가능성이 크다. 하지만 아무리 힘들어도 그 다리를 건너야만 한다.

혼돈스러워 보이는 관계는 그만큼 우리의 영혼이 진화하는 데 필수적인 요소다. 왜냐하면 그런 관계를 통과해야만 사랑하는 법을 배울 수 있기 때문이다.

그러나 다른 사람을 사랑하려면, 자신의 열정적인 관계성을 키워야만 한다. 이것은 모든 우정의 바탕이 될 것이며 그러고 나면 이런 우정들은 우리가 훌륭한 연인이 되는 법을 가르쳐 줄 것이다. 사랑의 기술을 충분히 익힌 뒤에만 영감에 찬 영적 동반자가 될 수 있다.

많은 사람들이 자기 자신을 사랑할 수 있는 기회가 왔을 때 아무런 실마리도 찾지 못하고 끝내 버리곤 한다. 어떤 사람들은 자신이 그런 사랑을 받을 가치가 없다고 느낀다. 또 어떤 사람들은 그 누구보다도 자신이 더 사랑받을 가치가 있다고 여긴다. 또 어떤 사람들은 그것을 느끼지만 행동으로 옮기지는 못한다. 자기 가슴 안에 눌러놓은 온갖 감정들에 대한 두려움을 기꺼이 경험하려 하지 않는다면 사랑할 수 없다. 사랑할 수 있으려면 우선 서로가 이런 어두운 공간을 항해할 수 있도록 도와주어야 한다. 우리 자신의 가슴이라는 거대한 실체를 경험하려 하지 않는다면 다른 사람에게도 그 자신의 가슴을 경험하지 못하도록 막게 마련이다. 자신의 어떤 부분을 억제하는 관계는 늘 피상적으로 남아 있을 것이며 결국 아무것도 이루어지지 않을 것이다. 이런 방어적인 자세를 고수한다면 어느 날 눈을 떴을 때 주변에 아는 사람들은 몇 트럭이나 되지만 진정한 친구는 한 명도 없다는 사실을 깨닫게 될 것이다.

사랑에 빠진다는 것은 나를 총체적인 혼돈 속으로 내던지는 것이다. 내 가슴에 진실하기 위해서는 내 뿌리로부터, 내 일과 친구들로부터 벗어나 완전히 새로운 세계 속으로 움직여 가야만 한다. 사랑하는 사람은 종종 우리가 지금껏 알지 못했던 우리 자신의 어떤 부분을 깨닫게 해 준다.

연인이 되려면 사랑과 사랑에 빠져야 한다. 생각을 가슴에 맡기고 지도에 없는 지형을 탐색하는데, 이 순간에는 평생 동안 강요받은 남성적이고 낭만적인 환상도 필요 없다. 이러한 환상 중 가장 커다란 것은 우리가 사랑에 대해 뭔가를 알고 있다는 것이다. 왜 그저 받아들이지 못하는가? 순진한 아이가 될 때 사랑할 수 있게 된다. 그러니 그 흐름에 따르자. 혼돈에 나를 맡기고 무엇이 다가오든지 모두 수용하라.

연인이란 항상 편안한 존재는 아니며 춤추지 않는 도그마dogma나 봉사하지 않는 신념 또는 구속하는 이론들에 갇혀 있는 경우를 제외하고는 그렇게 보수적이지 않다. 우리의 모든 측면을 탐사하기 위해 처음에는 수많은 연인들이 필요하다고 믿는다. 그 연인들은 새로운 감정을 촉발시키고 저마다 다른 교훈을 주며 우리의 가장 깊은 곳에 있는 욕구와 욕망을 조금씩 열어 준다. 연인은 성적인 황홀을 열망하는 우리의 일부이며 혼돈은 우리의 관능적인 잠재력을 해방시키는 열쇠다.

자신을 사랑하고 그 사랑을 친구와 나누며 섹스를 통해 표현하는 법을 배웠다면 영적인 반려자를 찾을 준비가 된 것이다. 이때 사랑은 두 사람의 경계를 넘어 더 큰 세계로 확장되어 나간다. 가족이 서로 섞이고 생겨난다. 공동체가 성장하고 뿌리를 내리게 된다. 가족 해체의 시대에 우리는 무엇이 잘못되었는지에 대한 통찰력을 얻을 수 있을 것이다. 사람들이 친구, 연인, 영혼의 반려자가 되는 데 필요한 기술을 발전시키기도 전에 결혼을 하는 것이 하나의 원인으로 보인다. 이러한 기술이 없다면 우리 문화에서 영혼의 반려자와의 사회적인 결합인 결혼은 실패할 수밖에 없는 운명에 놓여 있다. 결혼이 저 깊은 곳까지 각성시키는 신의 자각이나 상호 각성을 향한 서로의 성장을 위하는 것이 아니고, 돈이나 의무 또는 기대에 대한 것에 불과하다면 그 결혼은 분노와 좌절 그리고 지루함으로 귀결될 수밖에 없다.

결혼이 실패를 맞이하는 이유는 상대방에게만 초점을 맞추어 자신을 보지 못하기 때문이거나 또는 자신에게만 초점을 맞추다 보니 상대방을 전혀 보지 못하기 때문이다. 이상적인 관계는 둘 사이의 에너지, 즉 사랑에 초점을 맞춰야 하고 그런 이유로 영혼의 반려자가 연인이 되기도 한다.

관계는 혼돈이다. 혼돈을 통제하려고 하는 것은 사랑의 생명력과 특성, 신성한 춤을 모독하는 것이다.

연인들은 사랑하기 위해 사랑한다. 그들은 가슴을 전면에 앞세우고 모든 상황 속에 뛰어든다. 진정으로 열정적인 애정관계는 바로 그 순간을 살고 혼돈을 껴안는다. 미래에 대한 계획을 세울지라도 각자가 예기치 못한 방식으로 변화하고 성장하고 발전할 수 있는 여유 공간을 남겨두는 것이 현명하다. 만일 미지에 대한 역할을 인정하지 않는다면, 관계는 이미 쓰인 대본대로 연기하는 꼴이 될 것이다.

우리를 관계의 혼돈 속으로 빠져들지 못하게 막는 것은 우리 마음 깊은 곳에 자리 잡고 있는 친밀감에 대한 두려움이다.

우리는 대부분 커다란 '나'가 죽게 될까 봐 두려워한다. 그것을 필요로 하고 원하고 있지만, 막상 그 상태와 아주 가까이 가게 되면 우리는 반대편 방향으로 달아난다. 그 상황을 버티고 자제하고 저항한다. 내면의 혼란을 들키지 않으려고 눈맞춤을 피한다.

다른 사람이 마음을 열고 열정적이기를, 그리고 성실하게 행동하기를 바라면서도 정작 자신이 그렇게 하는 것은 망설인다. 친밀함은 일방통행로가 아니다. 얻기 위해서는 주어야 한다. 관계는 우리가 기꺼이 주고자 하는 것의 척도다. 사람들은 늘 누구도 자신을 사랑하지 않고 외톨이라고 불평한다. 그럴 때는 이 말이 필요하다. "누군가를 사랑하라. 그리고 당신이 원하는 것은 무엇이든 그에게 주어라."

아름다움은 친밀감에 대한 두려움을 극복하고, 혼돈의 강렬함을 그 자연스러운 화려함 속에서 경험하게 하기 위해서 우리 자신을 허락하는 것이다.

연인들처럼 우리는 짙은 포도주 빛 바다의 거친 파도를 타고 사랑하는 이의 가슴까지 여행해 간다. 하지만 이것은 홀로 가는 먼 항해가 아니다. 자기 발견에서 시작하여 마침내는 저 혼돈스러운 우주 속으로, 서로의 핵심에 자리 잡고 있는 마술적인 신비 속으로, 더 나아가 신의 영혼 속으로 자아를 풀어놓는 것으로 끝을 맺는다.

●인식하기

＊첫사랑부터 최근까지 사랑했던 사람의 이름을 모두 적어 보라. 그리고 다음을 행해 보자.

−당신은 그 목록에 들어 있는가?

−당신은 자기를 얼마나 자주 사랑해 주는지, 침대에서 뒹굴면서 자기 수양에 도움이 되는 책을 읽는지 일단 점검해 보라.

−목록에서 숫자만 두고 본다면 그것이 당신에게 어떤 의미가 있는가?

−그 모든 연인들이 당신 침대에서 〈그리스 Grease 〉의 코러스처럼 등장하게 된다면 그들의 노래, 탄식과 환호는 어떤 것이겠는가?

−목록을 곰곰이 따져 생각해 보고 각각의 사람에게 있어 가장 뚜렷한 특징이 어머니, 연인, 성모, 아버지, 아들, 성령 같은 원형 중 어디에 해당되는지 적어 보자.

−이 모든 원형을 모두 나타내는 사람이 있다면 이름 옆에 별표를 해 놓고 전화번호부에 아직 그 사람의 이름이 남아 있는지 확인해 보자.

−이것으로 무엇을 알아차리게 되었는가? 당신은 아버지나 성모를 매혹시키는 경향이 있는가?

＊같은 목록으로 이번에는 거기에 있는 사람들이 각각 당신을 어떻게 분류할지 상상해 보자.

－그들의 삶에서 당신은 어떤 역할을 하였는가?

－뭔가를 주는 사람? 촉진시켜 주는 사람? 성적 매력이 있는 사람? 상처를 주는 사람? 어느 쪽인가?

③ 구도자

구도자Seeker는 성모와 성령의 통합이다. 진실을 찾기 위해서는 순수해야만 한다. 구도자는 성모와 성령의 순결과 지혜가 통합되어 있는 상태다. 구도자는 마음의 상태이며 우리 실존의 비유다. 우리가 직관적인 정신, 즉 구도자의 마음이 되면 생각을 하지 않아도 된다. 그저 그 순간 속에 있으면서 경험을 할 수 있도록 자신을 열어 놓으면 그뿐이다. 직접적인 경험으로부터 지혜는 나오고 그 지혜는 지식과는 사뭇 다른 것이다. 지식은 외적인 원천에 근원을 두고 있고 주변 문화로부터 흡수되는 것이다. 하지만 지혜는 오직 자신의 마음을 비울 때, 지식의 비난에서부터 멀리 떨어져 있을 때만 우리에게 찾아온다.

구도자는 혼돈 속에서 질서를 찾는 힘을 갖고 있으며 숨어 있는 패턴을 찾아 우리 삶을 의미 있게 느끼도록 해 주는 내적이고 영원하며 지속적인 주제와 관계를 찾아내게 하는 추진력을 나타낸다. 우리는 그런 패턴이 실제로 존재한다는 사실을 굳게 믿어야 한다. 비록 그 패턴이 개인의 눈으로 볼 수 없는 거대한 것일지라도 말이다. 그렇지 않으면 우리는 허허벌판, 즉 그리 아름답지 않은 곳을 헤매다 인생을 마치게 될 것이다.

신뢰는 믿음의 도약이다.

내면적인 구도자는 믿음이요 신념이다. 더 큰 믿음이 필요하지 않은 사람은 없다. 여기서 말하는 믿음이란 종교적인 믿음이 아니라 과정에 대한 믿음을 이야기하고 있는 것이다. 다시 말해서 현재의 나에 대한, 우리가 하고 있는 것에 대한, 그리고 우리가 여기에 어떻게 도달했고 현재 가고 있는 곳은 어디인가에 대한 믿음을 말하는 것이다. 너무 많은 사람들이 저 너머에 더 커다란 광경이 존재한다는 것을 믿지 않을 뿐더러 우리가 어떤 사람일 수밖에 없다는 생각을 찍은 사진을 가지고, 근심 어린 손길로 마음의 벽을 도배하고 있다. 믿음을 경험하기 위해서는 마음이 아무것도 쓰이지 않은 백지가 될 때까지 모든 혼란들을 깨끗이 닦아야만 한다. 춤을 출 때에 마음이 발과 함께 있고 어떤 것도 생각하고 있지 않을 때 믿음이 일어난다.

구도자는 혼돈 속에서 어둠과 빛이 밝게 포옹하며 뒤섞여 있는 지대에 존재한다. 이 지대에서 성모, 성령, 예술가, 연인, 여성성, 남성성, 내적인 것과 외적인 것은 모두 춤 속에 용해된다. 이런 정신 안에서 우리는 어떤 것에 매달리지 않고 해방된다. 생각하지 않지만 우리는 안다. 무언가를 하지 않고 그저 존재할 뿐이다. 우리는 지혜 속에서 계속 움직인다. 이것만이 우리의 유일한 기도다.

● 인식하기

＊대화 주제가 뭐든지 간에 반대 입장을 취해 본다. 특히 자신의 입장에서 반대해야 할 때와 자신에 대해 반대되는 주장을 해야 할 때

기꺼이 그 방법을 취한다.

-이것은 믿음, 가치, 정체성, 독단, 철학, 그 밖에 자기가 구축한 것
들을 떼어 낼 수 있는 가장 훌륭한 방법이다. 당신을 탈신비화시
킬 수 있는 멋진 방법이다.

＊당신이 어떤 입장을 취하고 있다고 생각되면 바로 반대 입장을
껴안아 보자.

-자신의 신적인 마음을 총동원해 열렬히 그 반대 입장을 껴안아보자.

-자신의 깨달음을 확장시키고 정신적인 근육을 더 유연하게 구부려
보자.

● 행동하기

＊당신이 뭔가에 대해 갈등을 느끼는 상태라고 생각해 보자.

🅔 직업을 구할까 말까. 그 사람이 듣기 싫어하는 것을 말해야 하나
말아야 하나?

-우선 대립되는 양쪽 중 한쪽에서 시작해 본다. 그것을 움직임으
로 표현해 본다.

-유형화된 춤으로 가 본다.

-똑같은 방법으로 다음은 반대쪽 차례다.

-양쪽이 모두 당신의 육체 속에서 분명히 표현되었을 때 춤 속에서
양쪽을 왔다 갔다 해 보자.

-양쪽 사이의 공간에 주의를 집중하고 이 에너지를 춤춰 본다.

영혼의 노래

영혼의 노래란

영혼의 노래Lyrical는 다섯 개의 리듬 중에서도 가장 복잡한 리듬이다.

흐름에서는 여성성을, 스타카토에서는 남성성을, 혼돈에서는 어떻게 우리를 하나로 결합시키는지를 발견했다. 영혼의 노래에서는 우리가 앞으로 나아가고 있다는 것을 깨닫게 된다. 고정된 것은 없다는 것, 특히 우리의 정체성에 있어서 고정된 것은 아무것도 없다는 것을 깨닫게 된다. 또한 영혼의 노래에서는 자아실현, 초월과 유동성을 배우게 된다.

우리가 마침내 모든 것을 벗어 버리고 자신을 무겁게 내려놓거나 가볍게 들어 올릴 수 있다면, 영혼의 노래는 기쁨의 진행과정이 된다.

그런데 다른 리듬과 마찬가지로 영혼의 노래 또한 그림자의 측면이 있다. 영혼의 노래 리듬이 확고하게 자리 잡지 못하면, 우리는 몸과 마음 그리고 영혼으로부터 유리되거나 마치 기묘한 구름처럼 우리 주위를 둥둥 떠다니는 환상이나 백일몽, 또는 탈출 욕구에 지나치게 집착하는 위험스러운 상황으로 우리 스스로를 몰고 갈 수 있다. 정신을 놓치고 몽롱해지면 건강에도 위협이 될 수 있다.

영혼의 노래의 특징

흐름은 우리를 대지와 연결시키고, 스타카토는 불, 혼돈은 물과 연결시키는 것처럼 영혼의 노래는 우리를 바람에 연결시키는 리듬이다.

지(地), 수(水), 화(火), 풍(風)이 된다는 것은 우리가 이런 요소로 이루어져 있으며, 이러한 요소들이 우리가 다양한 시간 속에서 세상을 볼 수 있게 하고, 행동하는 데 영향을 준다는 사실을 아는 것이다. 이러한 리듬은 우리 내면의 지, 수, 화, 풍의 에너지를 일깨우는 촉매와 같다.

영혼의 노래에서는 들숨에 초점을 두며, 움직임의 특징은 한없이 이어지면서 가볍게 떠오르기이며, 땅을 거의 밟지 않고 발가락으로만 춤을 추며 돌면서 뛰고, 공기, 바닥과 가볍게 부딪히며, 과거와 미래의 무게는 날려 버린다. 손가락 끝을 주시하고 달리는 것을 즐기면 된다. 정서로는 기쁨과 연결되어 있으며, 사회와의 관계성을 보여 주는 것이다.

영혼의 노래의 의미와 상징

삶의 주기에서 보자면 영혼의 노래는 원숙기라고 할 수 있다.

40~60대의 나이로, 우리는 마침내 사춘기와 청년기를 거치며 생존했다는 사실을 축하해야 한다. 인생의 원숙기가 되면 직업적으로는 자신의 일을 즐기게 되고, 가정적으로는 아이들을 키우고 자신의 삶을 살아가는 것을 말한다. 이미지는 봄, 징글벨, 발리 섬 무용수들, 모빌의 창시자인 알렉산더 칼더의 작품들, 마티스의 작품들이다.

영혼의 노래의 원형

영혼의 노래가 건고하게 뿌리를 내릴 때, 몸과 마음 그리고 정신이 하나로 움직일 때, 우리는 현실감각을 잃지 않게 된다. 완벽하게 조율되는 것이다. 끊임없이 에너지를 이동시킬 수 있는 자유를 얻음으로써 한 가지 가능성에만 매달릴 필요가 없어지는 것이다.

영혼의 노래는 그 원형이 고대 샤머니즘적 전통을 계승하는 자연에 의한 변형자다. 신화 속 인물들은 실제로 그들의 신체적 정체성을 바꿀 수 있는 몇 가지 변형자를 갖고 있었다.

우리가 살아남기 위해서는 변화가 필요하다. 그 변화는 우리를 새로운 차원으로 데려가는데, 현대에 와서 변형이란 단어는 모든 것을 갖거나 잃는다는 의미로 여겨져 왔다. 이런 변형을 위해서는 강함보다 민감함이 필요하다. 마치 우리가 내면아이의 치유에서 설명한 것처럼, 내면의 아이가 늘 깨어 있도록 민감해져야만 상황에 따라 유연하고 자유롭게 변화될 수 있다.

우리에게는 자신만의 영혼 동물이 있다. 이런 자기 영혼의 동물을 아는 것은 자신을 발견하는 데 매우 중요하다. 흐름은 우리에게 부족의 한 부분이 되는 법을 보여 주고, 스타카토는 소통의 한 부분이 되는 방법을 가르쳐 주며, 혼돈은 이러한 통합이 작동할 수 있는 에너지를 사용하는 법을 가르친다. 그리고 영혼의 노래는 전 우주 안에서 우리 자신의 위치를 보여 준다. 우리 자신의 사명과 왜 이 지구에 방문했는지를 보여 주는 것이다.

● 인식하기

당신의 원형은 삶의 공간 어디에서 드러나는지 한번 살펴보라.

– 어머니 원형은 발을 올려놓을 수 있는 안락한 의자다.

– 아버지는 안락함이 필요하지 않은 기능적인 가구에 있는 원형이다.

– 야성적인 아들은 텐트나 통나무집 또는 거친 파도가 밀려오는 모습이 보이는 벼랑 끝을 좋아할 것이다.

– 여인은 레이스, 벨벳 소파, 털로 된 물건들에 담겨 있는 원형이다.

– 성모는 거실 전체를 덮는 깔개 재단에 담겨 있다.

– 성령의 원형은 마루 위에 놓인 침대 겸용 탁자에 독서용 등잔, 책묶음, 전기 히터도 없는 수도사의 방 같은 곳에서 살고 있다.

– 당신의 차는 어떤 원형으로 사게 되었는가? 어머니처럼 안락한 차, 아니면 아들처럼 스포츠 카, 아버지처럼 검은색의 각이 진 차, 여인처럼 컬러가 화려한 차?

● 행동하기

유년기로부터 당신의 삶을 빠르게 돌아보라. 바닥에서 아기 춤을 추고, 아장아장 걷는 아이의 춤 속으로 뛰어 들어간다. 그런 다음 아동기로 돌아가서 그때 하던 놀이들을 떠올려서 상상 속의 친구들과 놀이를 한다. 사춘기의 힘을 느껴 보라. 여기저기 방황하던, 그리고 왕성한 호르몬으로 어찌 할 바를 몰라 하던 그 움직임을 느껴 보라. 대학교를 지나 더 나아가 본다. 삶의 원숙기에서 왈츠를 춰 보라. 책임감의 춤, 함께하기 춤, 역할 맡기 춤을 당신의 뼈가 지칠 때까지 춘 다음, 아주 느린 춤에 기쁜 마음으로, 과거와 감추고 싶었던 부정적인 모습들, 그리고 늘 지니고 다니는 감정의 짐을 내려놓고 풀어놓음으로써 스스로를 재활용해 보라.

침묵의 춤

우리는 고요와 침묵에 대한 두려움이 있는 것 같다.

집에 돌아오면 핸드폰을 던져 놓고 별로 볼 프로그램이 없더라도 습관적으로 텔레비전 스위치를 켠다. 마치 어떤 빈 공간이나 시간이라도 잡소리와 움직임으로 채우도록 프로그램화된 것 같다.

내면에 어떤 빈틈이라도 생긴다면 거품이 일고 우리 자신을 어쩌지 못할까 봐 걱정하는 것처럼 보인다. 아마 어쩌면 우리는 무덤 속의 고요함을 정말 두려워하는지도 모른다. 결국 죽음이란 궁극적으로는 침묵이기 때문이다.

침묵의 춤Stillness은 고통이나 상처를 아름다움, 사랑, 우정, 창조성으로 변화시키는 것이다.

침묵의 춤의 특성

침묵의 춤에서는 호흡으로 몸을 조율한다. 그 호흡의 리듬에 단순한 움직임을 하는데, 호흡이 올라가는 것에 몸도 함께 올라가고 호흡이 내려가면 몸도 내려간다. 호흡은 길게 온몸으로 호흡을 하는 것처럼 한다.

움직임은 자신의 중심에서 시작하고 온몸은 그 움직임과 연결되어 있다. 몸 전체가 움직이고 의식의 상태는 참나와 일치된 궁극의 의식이며, 정서로는 자비를 나타낸다고 할 수 있고, 관계성으로는 우주와의 연결을 뜻한다.

침묵의 춤의 이미지와 상징

삶의 주기로 보자면 61세 이후부터 죽음에 이르기까지를 말한다.

공(空), 궁술, 난초, 바위, 잠자는 고양이, 뱀, 거북이, 피카소의 청색지대, 사막이 침묵의 춤의 이미지다.

침묵의 춤의 원형

침묵의 춤이 갖고 있는 원형은 연금술사다. 연금술사가 납으로 금을 만들고, 황금 속에서 불순물을 뽑아내듯이 어둠의 춤을 춤으로써 어둠을 빛으로 만들 수 있다.

그림자 속에서 어머니는 질식할 정도로 맹렬하고, 흠뻑 취하여 감각을 잃고 눌린다. 어머니는 교묘한 속임수를 쓰며 비정상일 정도로 강박적이다. 아버지는 거만하고 완고하다. 아들은 파괴적이고 목표의식도 없으며 대화도 하지 않는다. 성령은 비판적이고 독단적이다. 그림자 속에서 예술가는 모방자이고 다른 사람의 창조물을 훔치는 약탈자다. 연인은 학대를 일삼고 냉담하다. 그리고 구도자는 공동체를 찾는 신봉자가 된다.

연금술사는 우리의 강박적인 생각의 고리를 끊는다. 시기, 권태 그리고 에고 세계의 다른 모든 영역은 우리가 통과해야 할 에너지 장이다. 상처를 딛고, 스스로 이겨 내고, 스스로 치유할 수 있는 힘을 찾아가는 것이다.

그 빛의 고요한 지점에서는 공포 속에서 사랑을, 고통 속에서 기도를 만들어 내는 연금술사를 찾아낼 수 있다.

● 인식하기

당신은 자신의 고통을 예술로 바꾸고 부정성을 창조성으로 변환시키며 분노를 연민으로 바꾸는 능력을 가진 연금술사다. 당당하게 맞서라. 삶의 퇴비를 만들기 위해서는 쓰레기도 필요하다.

성서에 나오듯이 죄인이 없다면 성인이 무슨 필요가 있겠는가?

● 행동하기

리듬조차도 각자의 어두운 면을 갖고 있다. 음악 없이 무력한 춤을 춰 보라. 그 움직임이 당신을 흐름의 진동으로 이끌도록 내버려둔다. 강하고 팽팽하게 당겨진 스타카토 춤을 추라. 당신의 맥박과 열정, 활발함을 이겨 낼 때까지, 당신의 혼돈과 산만한 두뇌와 공황상태를 춤춘다. 그것이 혼돈 속으로 여러분을 풀어놓을 때까지 몽롱함과 지침, 어지러움을 춤춘다. 그리하여 영혼의 노래에 자리 잡을 때까지, 그리고 당신을 비워 침묵의 춤 속으로 데려갈 때까지……

춤테라피의 이론과 실제

CHAPTER 9

다섯 개의
리듬과 삶

일상에서 드러나는 다섯 개의 리듬
다섯 개 리듬으로 만난 나의 삶

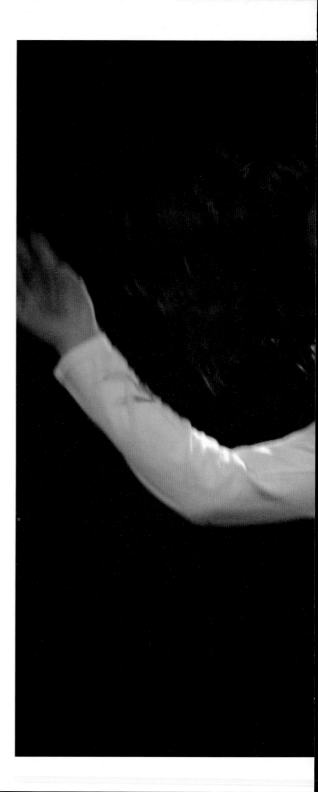

일상에서 어떤 힘든 일을 만나더라도 자신의 춤이 되어 가는 대로 내버려두면 그 춤이 우리를 지탱해 줄 것이다. 이것은 자신을 유연하고 자유롭게 유지시킨다. 이것은 자신이 생각하고 있는 일을 어떻게 할 것인지에 대한 고정된 생각으로부터 우리를 자유롭게 할 것이다.

이러한 다섯 개의 리듬은 우리가 가고 싶은 곳, 내면이나 외면, 정신적이나 정서적, 지성적 의식의 모든 계획을 알려 주는 지도다. 그 리듬은 실제적인 자기, 즉 예민하고 야성적이고 열정적이고 직관적인 자기로 돌아오는 길을 알려 주는 표식이다.

흐름에서는 자신을 발견하고, 스타카토에서는 자신을 정의하며, 혼돈은 자신을 사라지게 하는 데 도움을 준다. 그래서 우리가 발견하고 정의를 내릴 그 자아 안에서 고정되고 경직된 상태로 남아 있지 않게 한다. 영혼의 노래는 자기 에너지의 독특한 표현으로 깊이 파고드는 자신에게 헌신할 수 있게 한다. 그리고 침묵의 춤은 우리 모두를 감싸는 거대한 에너지 속으로 사라지게 해서 모든 과정을 다시 시작할 수 있게 해 준다.

이러한 다섯 개의 리듬이 삶에서 어떻게 나타나는지에 대한 몇 가지 사례와 다섯 개의 리듬으로 춤추면서 경험한 이야기를 소개하고자 한다.

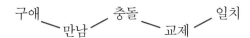

일상에서 드러나는 다섯 개의 리듬

관계의 리듬

구애 　충돌 　일치
　 ＼만남／ 　 ＼교제／

정원 가꾸기 리듬

● 흐름: 봄을 맞아 정원에 대해 꿈꾸기(계획과 준비)
● 스타카토: 늦은 봄의 작업(씨뿌리기, 땅파기, 원예도구 사용하기)
● 혼돈: 물주기, 가지치기, 비료 주기의 일을 한꺼번에 해야 하는 한 여름
● 영혼의 노래: 가을의 수확기
● 침묵의 춤: 모든 성장이 끝나고 내년을 위한 휴식

어려운 문제에 맞닥뜨리거나 엄청난 슬픔에 빠졌다고 생각될 때 이 말을 기억하라.

"여러분이 거쳐 갈 과정에 대해 믿음을 가져라. 여러분 안의 리듬이 끝까지 기운을 잃지 않고 문제를 뚫고 나가도록 인도할 것이라는 믿음을 잃지 마라.
여러분이 해야 할 일은 바로 물의 흐름에 자신을 맡기고 파도를 타는 것이다."

다섯 개 리듬으로 만난 나의 삶

여기에서는 춤테라피를 통해 자기 삶의 단면들을 만나 상처를 풀어
내고, 자신의 과거와 현재를 이해하면서 자연스럽고 가벼운 본래의 자기
를 경험한 몇 사람의 이야기를 소개하려고 한다.

흐름

"흐름에 빠져들면서 어떤 강렬하고 묵직하며, 부드러우면서도 내가
다 바스라질 것 같은 느낌이 들었다. 아니, 그렇게 되길 바랐다. 공기 중
으로 녹아들어 가는 기분이었다. 그러고 나서 바닥에 누웠는데 갑자기
떠오르는 사람이 있었다. 최근에 내가 작별인사를 해야 했던 두 사람. 시
간이 많았을 때에는 모르고 있었는데 막상 몇 년간 다시 볼 수 없게 되자
이제야 솔직한 마음이 느껴지는 것이다. 미안하고 안타까운 마음이 강
렬하게 떠올랐다. 오히려 이렇게 산만하고 분절적인 내면의 춤이 지나
고 나면 좀 자연스럽게 몸이 움직인다. 한참 숨을 고르고 나니 움직임이
가벼워지고, 원인 모를 벅찬 느낌이 밀려왔다. 그냥 팔을 벌리고만 있어

도 몸이 채워지는 것 같았다."

"흐름을 할 때 들숨에 집중하면서 움직이자 몸이 부풀어 오르는 듯했다. 점점 커지면서 둥실 떠오를 듯한 느낌이었다. 그 순간 사랑이라는 감정이 다가왔다. 그런데 사랑이 그냥 거기에 있었다. 어떤 원인에 대한 결과, 행위에 대한 보상, 자극에 대한 반응이 아닌 생소한 것이었다. 그냥 거기에, 또 여기 나에게 있어 충만한 것이었다. 그 상태에 머물러 있었다. 낯설면서도 행복한 순간이었다."

"평소에 우유부단하고, 주장을 내세우기보다는 받아들이는 편이라 무조건적으로 수용하는 움직임이 편할 줄 알았다. 하지만 몸이 익숙해하지 않아 한다는 걸 느꼈고, 점점 힘이 들어 긴장되었다. 그래서 나팔꽃이나 넝쿨식물처럼 휘감아 오르는 모습을 연상하고, 따뜻하고 부드러운 사람들을 떠올리며, 내 안에 있는 너그러움을 끌어내었다. 조금씩 긴장이 풀리자, 생각을 그저 흐르게 하고, 몸이 가는 대로 놔두었다. 따뜻한 바람의 움직임과 몸의 부분 부분이 가볍고, 아름다워서 설레었다."

스타카토

"두 번째 스타카토를 할 때는 몸통이 마구 움직여졌다. 온 관절과 뼈마디들, 내장과 항문조차 구겨지고 꺾이는 것 같았다. 그래도 이 둔중한 느낌은 어찌할 수가 없다. 흐느적거리는 느낌이 아니라 단단하고 견고

하며 힘차게 도약하는 느낌을 갖고 싶다."

"스타카토에서는 손가락 마디마디 뼈가 꺾이듯 움직였다. 손목과 손가락이 특히 많이 움직였다. 스타카토에서 척추 뼈와 온몸의 뼈들이 꺾이는 그 느낌이 뭔지 모르게 시원한 느낌을 갖게 한다. 그동안 해 보지 않았던 움직임이 자연스럽게 나왔고, 발목과 무릎까지 스타카토의 리듬에 따라 꺾이고 움직였다. 내 안에 어떤 동물적인 본성이 스멀스멀 기어 나오는 것이 느껴졌다. 의지가 아닌 본능, 야성의 힘, 내 안에 있는 무의식적인 어떤 힘……

그것은 강한 에너지였고 생명력이 엄청났다. 내 손가락과 손목이 부서져 버릴 것만 같았다. 내 안에서 기어 나오는 그 힘의 존재를 나는 그저 덤덤히 바라보았다. 아무런 생각도 판단도 거부감도 없이."

"스타카토 리듬은 내 안에 숨어 잠자고 있던 힘을 만날 수 있어서 좋다. 움직임이 나 스스로 자유롭다고 느껴지지는 않지만, 이 리듬을 움직이다 보면 어느새 내 안에 이런 에너지가 있었나 하고 놀랄 만큼의 무한한 에너지 근원을 만나게 된다. 오늘도 '나 아픈 사람 맞아?' 하고 스스로 생각할 정도로 아프지도 않고, 그렇게 기운이 없어서 매일 누워만 있었는데 기운이 펄펄 솟는다. 발목이 시큰거리지만 않으면 더 신나게 흔드는 건데, 아쉽기 그지없다."

"머리나 상체, 팔은 어느 정도 자유로워진 것 같은데, 여전히 엉덩이와 무릎, 발은 움직임이 작다. 그래도 무릎이나 발은 의식적으로 움직이면 움직여지는데, 엉덩이는 역시 침묵 중이시다. 억지로 '아, 엉덩이가 안 움직이네.' 하면서 신경을 많이 써 줘야 좀 움직이는 척하다가, 다른 곳으로 집중을 옮겨 가면 바로 정지해 버리시는 나의 엉덩이님……. 하긴 아직도 엉덩이가 앞, 뒤, 옆으로 움직이는 걸 바라보는 내 마음이 그리 편치는 않은 것도 사실이다. 왠지 내 엉덩이가 이렇게 흔들어 대는 걸 옆에 사람이 보면 어쩌나 하는 생각이 문득 들 때가 있으니, 엉덩이가 자유롭게 움직일 리가 있겠나."

"오늘은 무릎에 집중을 해서 많이 움직여 보았는데, 무릎을 앞뒤로 움직일 때와 발을 넓게 벌리고 옆으로 움직일 때 느낌이 아주 달랐다. 다른 느낌이 드는 게 좋아서 그 동작을 계속했는데, 내 안에서 힘이 솟아나는 걸 느꼈다. 요즘은 스타카토에서 예전처럼 힘도 별로 안 들고, 숨도 덜 차는 것 같다. 그리고 힘든 순간이 찾아와도 그때 거기에 지지 않고 더 움직임에 집중하면 어느새 힘들다는 느낌도 사라져 버린다. 그냥 펄떡거리고 뛰고 있는 몸뚱아리만 따로 돌아다니는 느낌이랄까. 그 몸에서 느껴지는 힘듦이나 숨 차는 느낌이 별로 크게 느껴지지 않는 것, 아니, 그런 느낌보다 더 큰 어떤 느낌이 나를 계속 춤추도록 이끌기 때문인 것 같다. 힘든 것보다 더 좋은 게 있으니까."

"강함에서 오는 위축감과 두려움 때문인지 거부감부터 들었다. 하지만 내 안에 이런 부분을 키우고 싶은 욕심이 생겨, 막지 않고 거친 숨을 내쉬며 움직였다. 점점 춤에 빠져들수록 거부되고 단절된 외로움과 막막함, 서러움이 올라와 흐느껴 울었다. 하지만 멈추지 않았다. 뿌리치고 싶었다. 이런 느낌마저 다 흩어 버리고 없애고 싶었다. 그런데 이렇게 없애려고 할수록 내 가슴에 더 멍이 들었다. '나조차도 내 감정을 무시하고, 억압하고, 부서 버리는구나.' 주저앉고 싶었다. 하지만 무너져 내릴 것 같아 그럴 수 없었다. 참고 또 참았다. 용기를 내었다. 오기를 부렸다. 싸우고 싶었다. 분노가 일었다. 화를 냈다. 허공에 대고 숨으로, 움직임으로 마구 따졌다.

두근거리던 음악에서 차분한 음악이 흘러 마음이 진정되고, 생각도 가라앉았다. 환하고, 가볍고, 유연하며, 안개처럼 잡을 수 없는 그 무언가가 내 앞에 있었다. 조심스럽게 더듬고, 껴안아 내 품에 넣으려 하자 그것이 흩어져 사라졌다."

혼 돈

"보글보글 끓어오르는 물방울. 닫힌 공간 속에서 사방으로 튀어 오르는 팝콘. 폭포수가 떨어지는 바닥에 마구 부딪혀 제멋대로 튀어 오르는 물방울. 눈사태가 날 때같이 떠밀려 내려오는 눈송이. 바위에 부딪히기도 하고 공중에 퍼져 부서지기도 하는 눈이 누더기처럼 구겨져서 자기 의지 없이 마구 떠밀려 가는 느낌.

부산한 길거리의 행인들. 차들로 붐비는 강남의 길거리 느낌.

인형극의 인형들처럼 끈에 매달려서 흔들리는 대로 움직이는 느낌."

"난 눈사태를 선택했다. 음악이 시작되고 나는 눈이 되었다.

눈덩이에 같이 파묻혀서 내 의지를 버리고 눈덩이가 굴러가는 대로 알프스 산중턱을 굴러 내려갔다. 먼 산을 바라보며 탁 트인 전망을 구경하고 순간 바위에 부딪혀 산산이 흩어졌다.

다시 굴러 떨어졌다. 팔이고 다리고 고개를 사방으로 흩뜨리며 부서지고 깨졌다.

거대한 눈사태 더미 안의 작은 눈이 되어 굴러 내렸다.

몸의 긴장이 사라지고 팔이고 다리가 제멋대로 움직였다."

"혼돈의 리듬에서 몸이 자유롭게 풀리는 걸 느꼈다. 다른 사람 눈이 의식되기도 했지만 눈사태 더미에 휩쓸려 내려가면서 산 아래 먼 풍경들이 한눈에 들어오고 야호! 하고 신나게 소리를 지르고 싶었다. 온 산을 덮쳐 내려가는 눈 더미에 나를 실었다. 편안했다. 몸 마디마디가 맺히는 곳 없이 다 풀어지는 느낌이었다."

"혼돈의 리듬 초반, 내 몸은 크게 움직이거나 뛰지는 않았지만 온몸의 작은 근육과 뼈들이 춤을 추고 있는 것을 느꼈다. 각기 다른 방향과 움직임으로 각기 다른 존재들처럼 움직이고 있었다. 조각조각 떨어져서 해체되는 느낌이었다.

그 조각들을 흔들고 떨쳐 버리기 시작하자, 어느 순간 내 몸이 깃털처럼 가볍게 뛰기 시작했다. 정말 하나도 힘들지 않고 어떻게 그렇게 통통 뛸 수 있는지, 마치 내 발바닥에 용수철을 달고 뛰는 것 같았다. 그리고 미친 사람처럼 웃음소리가 터져 나왔다. 아주 기분 나쁜 악마의 웃음소리 같았다. 팡팡 뛰어오르면서 미친 듯이 웃어 젖히는데, 문득 두려웠다. 내 안의 그 힘이 너무 커져서, 내가 아무 제지도 하지 않으니까 아주 신이 나서 날뛰는 것 같았다. 계속 놔두면 뭔가 사고 칠 것 같은 두려움……, 약간 자제를 했다.

몸이 떨리기 시작했다. 특히 오른팔이 전기에 감전된 것처럼 부들부들 떨렸다. 그 진동으로 온몸이 떨리기 시작했다. 그 진동은 엄청난 에너지를 만들며 나를 휘감았다. 내 주위에는 어마어마한 에너지의 강력한 전류가 흐르는 것 같았다."

"음악이 혼돈으로 바뀌자, 생각을 멈추고 그 리듬에 몸을 맡겼다. 맡김에서 오는 기쁨과 희열이 있었다. 시원함과 해방감으로 자유로운 내가 신이 났다. 얼굴엔 환희의 미소가 번졌다."

영혼의 노래

"혼돈으로 텅 빈 다음에 맞이하는 편안하고 자연스러운 움직임을 느껴 보고 싶었지만, 내가 의식적으로 팔을 들거나 다리를 옮기지 않으면 동작 자체가 되지 않았다. 처음에는 다가오는 움직임을 기다리다가 나중에는 동작을 좀 더 과장하면서, 그 움직임에 따라 다른 동작이 따라오는 걸 느꼈다.

지금까지는 춤을 추려고 애를 써 왔다면 점점 춤 그 자체가 되고 싶은 마음이 들기 시작했다. 매주 일상생활 속에서 다섯 개 리듬과 연결된 것들을 해 보면서 더 그렇게 되었다.

영혼의 리듬에서 팔이 자꾸 위로 치켜 올라갔다. 치켜 올리면 가볍고 한없이 떠다닐 것 같았다. 팔을 내리면 바닥에 푹 꺼질 것 같았다. 가벼워지고 싶었다. 팔을 내릴 수가 없었다. 발은 허공을 딛는 것 같이 가벼웠다. 팔도 다리도 가벼웠다. 좋았다. 내 몸이 천 조각처럼 너울거리며 떠다녔다.

발이 움직이기 시작했다. 팔도 움직였다. 다시 아까처럼 날개를 펼쳐서 춤추기 시작했다. 내가 수없이 부정해 왔던 것들이 떠올랐다. 나 자신에 대한 사랑, 남편에 대한 사랑, 아이들에 대한 사랑, 친구들, 선배, 선생님 다 떠올랐다. 내가 사랑하지 않은 게 아니었다. '다 사랑했어. 사랑하는 마음을 거절당할까 봐 움츠러들었던 거야.' 눈물이 흘렀다. 기뻤다. 이 마음을 전하고 싶었다. 모두에게."

"영혼의 노래에서 리듬이 변화하는 것을 느낀다. 혼돈에서 움직임의 패턴이 순식간에 전환한다. 요즘에는 영혼의 리듬에서 내게 말을 걸어오는 엉덩이, 나의 자궁! 엉덩이 8자 돌리는 체조만 해도 낯이 간지러웠는데, 여성성이란 말만 나와도 몸이 뻣뻣해지곤 했었는데, 이제는 슬슬 돌리고 흔들고 움직이고 싶어진다. 귀여운 것! 내 팔과 다리, 무릎이 엉덩이의 도전에 박수를 쳐 준다. 정말 신난다. 움직여 주는 엉덩이가 고맙다. 내 엉덩이, 나는 네가 질식해서 죽은 줄만 알았다. 고맙다, 살아 움직여 줘서."

"음악이 느려지자 몸을 뉘였다. 자꾸 좌우로 뒹굴고 싶었다. 데굴데굴 굴렀더니 팔이 허우적거리며 움직인다. 따뜻하고, 부드럽고, 포근한 기운이 감쌌다. 여성성, 여신의 이미지가 떠올랐다. 그런데 어떤 얼굴이 보였다. 순간 '엄마'라 불렀다. 얼굴은 똑같지 않았지만 그렇게 느껴졌다."

침묵의 춤

"침묵의 춤 음악이 흐를 때 몸을 벗고 싶었다. 그것이 옷인지, 허물인지는 모르겠지만 내 겉 표피가 벗겨지는 기분이었다. 예전에 춤을 추었을 때 나를 무언가가 둘러씌우는 갑갑함이 들어 벗겨 내려고 안간힘을 쓴 적이 있다. 그것은 내 몸에 착 달라붙어 있었다. 아무리 세차게 털어내도 머리끝, 손끝, 발끝에 매달려 털어지지 않았었다. 하지만 이번엔 별 힘을 들이지 않았는데도 벗을 수 있었다.

'오고 감.' 그 순간 무언가가 오고 가는 것이 받아들여졌다. 무심히 왔다 가는 것이 아니라, 머물러 차오르고 떠나는 것이었다. 이번엔 가는 것을 부둥켜안지 않았고, 오는 것에 두려움이 적었다. 그것을 느끼자 나는 벗을 수 있었다. 시원하고 홀가분하면서도 아쉽고 섭섭한 마음이 올라왔다. 몸이 가벼웠고 피부로 다가오는 느낌이 낯설었다."

Wave(다섯 개 리듬의 전체소감)

"의식적으로 온몸을 구석구석 훑으며 흐름으로 풀었다. 들숨과 날숨에 맞춰 움직였더니 몸통과 몸의 말초 부분이, 내 몸과 외부가 서로 연결되고 소통되는 느낌이었다.

스타카토와 혼돈의 리듬에서는 전에 그렇게 사무쳤던 서러움과 분노가 일지 않았다. 시원하고, 홀가분하고, 얽매이지 않는 자유로움에 기뻐 날뛰었다."

"영혼의 노래 어느 지점에서 내가 또렷해졌다.

오로지 내가 3D 입체효과처럼 주변에서 구별되어 인식되었다. 마룻바닥에 스치는 발, 허공을 어루만지는 손, 살갗에 와 닿는 바람의 감촉, 주변의 색에 어우러지는 내 옷의 움직임과 공간 안에서 이동하는 내가 있었다. 점점 시야가 넓어져 주위에 있는 사람들, 그들의 움직임, 주변의 상황들이 눈에 들어왔다가 흘러나간다. 내 감각들이 살아서 생생하게 반응하고 있었다. 하지만 주위에 따라 휘둘리거나 억눌리지 않고, 나를 표현하고 있었다. 춤으로 나를 표현하는 자유가 경이로움을 안겨 주었다."

"흐름의 리듬을 따르는 동안 내 몸의 구석구석에서 들리는 소리는 '받아들임'과 '밀어냄'의 틈바구니에서의 아우성이었다. 우선 내 몸의 소리와 움직임에 귀를 기울여 내가 삶에서 원하는 것을 내려놓자고 마음을 정하니 내 몸이 부드러워지고 자유스러워졌다.

스타카토의 음악이 내 영혼을 깨우면서 소리친다. 오늘 이 순간에 나와 잘 어울리는 리듬이다. 나는 기쁨과 희열을 느끼며, 춤 속으로 깊이 빠져든다. 내 속에 억눌려 있었던 분노와 욕구 불만들, 흔적도 없이 사라진다.

스타카토! 음악에 몰입이 안 된다. 힘을 쓰려는 내가 어색하기 짝이 없어 보인다. 몸짓을 하며 웃고 있는 나와 만난다. 부끄러움이다. 내 안에 공격성과 분노가 있다는 것을 거부하는 나를 본다. 화를 내면 거절당할까 두려워하는 내가 있었다. 크게 몸짓을 해 보았다. 두려움이 사라지고 고요가 찾아오고, 담대해진다. 이제 내 몸이 점점 가벼워지고 자유로워지고 있다.

혼돈의 리듬 속으로 내 몸이 점점 더 흩어져 가는데 발의 중심이 땅을 버티고 서 있다. 떨어지지 않는 발의 무게는 왜일까?

침묵의 춤에서 바닥에 내 몸을 맡기고 호흡과 하나 되어 침묵으로 들어간다. 고요가 찾아온다. 몸의 느낌이 없다. 온 우주와 하나 되는 경험, 고요뿐……."

"다섯 개의 리듬을 할 때 스타카토 부분이 참 힘들었는데 이번에는 스타카토 리듬을 할 때, 나도 모르게 소리를 지르고 있었다. 어떤 대상을 향해 '야' 하며 공격하는 느낌의 소리들이 계속 나왔다. 혼돈의 리듬에서 내면의 소리가 흘러나왔다. 아주 마음껏…… 혼돈이 지나가면서 내 얼굴 피부가 하나의 껍질, 가면처럼 느껴지고, 가면 안에 바라보는 이가 있는 것 같았다. 나의 동작, 손, 허리, 몸통을 바라보는 이가 있는 것 같았다. 조금씩 눈물이 흘러내리다가 멈추고, 나의 움직임만 느껴졌다."

PART 4 춤명상

CHAPTER 10

춤명상의
이론

인간 의식의 발달과 명상

춤명상이란

인간 의식의 발달과 명상

인간 의식을 이루는 구성요소는 무엇인가?

의식은 어떻게 생기고, 발달하여 어디로 발달해 가는가?

1960년대 인간의 초이성적 체험에 대해 과학적, 학문적으로 다루려는 움직임이 나타났고, 에이브러햄 매슬로Abraham Maslow, 앤서니 수티크 Anthony Sutich, 마이클 비치Michael Vich, 스타니슬라브 그로프Grof, S., 마이클 머 피Michael Murphy, 제임스 페디먼James Fadiman과 같은 미국 인본주의 심리학 협회의 창시자들에 의해 심리학의 제4세력이라 불리는 자아초월 심리학 (트랜스퍼스널 심리학, 초개인 심리학)이 대두되기 시작했다.

1970년대 중반에는 『의식의 스펙트럼The Spectrum of Consciousness』이라는 책을 발간한 켄 윌버Ken Willber가 혜성같이 등장하였다. 이 책에서 윌버는 이제까지 논의되어 온 인간의 의식이 어느 한 측면만 옳고 중요하게 다루어져야 하는 것이 아니라는 것을 밝혔다. 후에 그는 인간의 발달 라인 이 도덕/정서/자아 정체성/심리 성욕/인지/창조성/이타성/영적 특성(관심, 개방성, 배려, 종교적 신념, 명상)/의사소통 능력/욕구/세계관/논리−수학 능력/운동감각적 기술/성 정체성/공감 등 20여 개가 있다고 주장하고 있다. 그는 2000년에는 『통합심리학 *Integral Psychology*』, 2007년에는 『통합비전 *The integral Vision*』이라는 책을 저술하여 의식의 수준뿐 아니라, 사상한 이론으로 인간 개인의 내·외적 의식과 집단의 의식 성장에 대해 설명하고 있다.

이러한 자아초월 심리학에서는 고대로부터 전해져 오는 지혜의 본질적이고 공통적인 핵심을 영원의 지혜 혹은 영원의 철학이라고 하는데, 이러한 인류의 축적된 지혜의 보물창고 중심에는 실재와 인간 본성에 대한 네 가지 결정적인 주장이 있다는 것이다.

1. 실재에는 두 가지 측면이 있다.

그 하나는 물리적인 사물과 생물의 세계로서 시각과 청각을 통해 접근 가능하며, 물리학이나 생물학과 같은 과학에 의해 연구된다. 그러나 그 이면에는 훨씬 미묘하고 심오한 또 다른 영역이 있다. 이는 의식과 영혼, 우주심 혹은 도의 영역이며, 더 나아가 물리적인 영역과 그 근원이 창조되고 포함되는 영역이다. 이 영역은 시간, 공간, 물리적 법칙을 창조했기 때문에 경계가 없고 무한하며 시간을 넘어 영원하다.

2. 인간은 두 영역 모두에 관여한다.

우리는 육체적인 존재일 뿐만 아니라 영적인 존재이기도 하다. 우리는 신체를 갖고 있지만 우리 존재의 핵심부에, 우리 마음의 깊은 곳에 초월적 자각의 중심이 있다. 이 중심은 순수한 의식, 영혼 혹은 진정한 자기로 묘사되는데, 유대교에서는 네샤마, 기독교에서는 영혼이나 성스러운 불꽃, 힌두교에서는 아트만, 불교에서는 불성으로 부르고 있다. 우리는 신성과 분리되지 않으며 영원히 밀접하게 연결되어 있다.

3. 인간은 성스러운 불꽃과 그 원천이 되는 성스러운 바탕을 인식할 수 있다.

이것은 매우 중요한데, 이는 우리 각자가 자신을 위해 직접적인 체험으로 그 타당성을 결정할 수 있을 것이다. 왜냐하면 인식이란 직접적인 체험을 통해 경험하는 것이기 때문이다. 마음이 조용하고 명료할 때, 우리는 진정한 자기를 직접 체험할 수 있다. 이는 지적인 이론이 아닌 진정한 자기 그 자체인 것이다. 즉각적인 깨달음을 얻거나 성스러운 불꽃을 보는 것이 아니라 자신이 바로 빛이라고 인식하는 직접적인 직관을 말한다.

유대교에서 수피즘, 플라톤에서 붓다, 에크하르트에서 노자에 이르기까지 이 점에 대해서 동의를 해 왔는데, 힌두교의 우파니샤드에서는 "이러한 이해는 이성에 의해서 도달할 수 없다."라고 했고, 불교에서는 "불입문자"라 했으며, 기독교의 유명한 신비가인 십자가의 성 요한은 다음과 같이 썼다.

"지적인 자의 논쟁으로는 그것을 붙잡을 수 없나니. 이 드높은 지혜는 지극히 뛰어나서 과학의 능력으로는 그에 가 닿기를 바랄 수 없나니."

4. 우리의 영적 본성이 최고 선, 즉 최고의 목표와 인간 존재의 가장 위대한 선을 인식한다.

이런 메시지들을 깊이 바라보면, 우리의 자아는 진정한 자기의 대양에서 작은 파도에 불과하며, 마음의 중심과 영혼의 깊이에서 신성과 친밀하게 연결된 진정한 자기를 발견하게 되고, 우리가 신성과 경계가 없는 은총을 나누고 있다는 사실을 알게 될 것이다. 이러한 영적 전통인 영원의 철학에서는 물질-몸-마음-혼-영의 발달 순서에 따라 인간의 의식이 발달한다고 하였으며, 역사적으로 가장 오래된 인도의 베단타에서는 의식의 상태를 3단계로 구분하는데, 의식의 구조는 물질적 수준, 생물학적 수준, 정신적 수준, 고등 정신적 수준, 영적 수준으로 구분하여 전하고 있다.

그런데 명상이란 이러한 의식 수준의 가장 높은 차원인 영적 수련에서 전통적인 동양의 수행 방법으로, 이러한 영적 수련의 궁극적 목적은 깨달음이다. 즉, 진정한 자기와 신성과의 관계를 깨닫는 것이다. 수천 년 동안 모든 전통의 성인들은 수행자의 삶을 보면서 영적 수련 중의 다양한 효과에 대해 찬미하고 있다. 점차 가슴이 열리고 행복과 기쁨이 자라나며 사랑이 꽃피우고 마음의 동요 대신에 평온이 자리를 잡으며, 타인의 성장에 대한 관심과 지혜가 자라나기 시작하고, 몸과 마음이 건강해진다.

과거에는 이런 주장들이 그 신뢰성에 도전을 받기도 했으나, 현대에는 실험을 통해 고대의 주장을 지지하는 동시에, 심리적, 신체적 효과를 증명하는 자료들이 홍수같이 쏟아지고 있다.

명상에 대한 이러한 과학적 검증을 바탕으로 1984년 로렌스 레샨 Lawrence Leshan은 『명상법 *How to Meditate: A Guide to Self Discovery*』이라는 책에서 명상의 길을 네 가지로 제시하고 있다.

1. 지성을 통한 길: 갸나요가, 유대교 신비주의
2. 감정을 통한 길: 박티요가, 기독교 수도원
3. 육체를 통한 길: 하타요가, 수피 회전문
4. 행동을 통한 길: 카르마요가, 서양의 기도, 노래

춤명상이란

위에 언급한 다수의 명상법 중에서 춤명상은 세 번째와 네 번째인 육체와 행동을 통한 길이라고 할 수 있다. 본래의 자기, 참나와의 통합을 위해 춤을 수련의 방법으로 이용하는 춤명상은 이미 오래전부터 인도와 이슬람, 불교 등의 종교에서도 신과의 합일 및 마음의 평안을 찾는 정신 수행법의 하나로 사용되어 왔다.

전통적인 좌선을 통한 명상수련은 내면에 많은 감정적인 동요를 느끼기 때문에, 초심자나 일반인들이 처음에는 오히려 좌절하기 쉽고 기쁨을 느끼기 어렵다. 어떤 이는 내면에 미치광이가 존재하는 데도 표면적인 침묵을 하게 된다고 말하기도 했는데, 그는 이에 대한 대안으로 동적

인 명상을 제시하였다.

동적 명상의 이점은 명상을 하는 데 있어서 감정적인 동요를 가라 앉히는 것이 아니라, 내면의 광기가 터져 나오도록 허용하여 잠깐 사이에 내면이 정화되고 그 내면 깊은 곳에서 '미묘' '정적' '행복감'의 감정을 가진 고요함이 성장하여 나중에는 무거운 짐이 사라져 이완이 가능해지는 것이다.

이러한 동적 명상은 즐거운 놀이를 하는 것 같아서, 명상 도중에 경험하는 감정적인 동요를 억눌러야만 하는 고통을 해소할 수 있다.

각각의 민족은 오랜 시간 역사적, 사회적 배경을 달리하므로 간직하고 있는 정서도 다르다고 할 수 있는데, 우리는 신명풀이를 통한 개인과 집단 구성원의 무아지경과 몰입을 통하여 명상의 상태를 경험하는 민족이다.

현대를 사는 우리에게 춤명상은 심리적 억압을 해방시켜 한과 신명을 풀고, 진정한 자기의 모습을 회복하기 위해 바람직한 수행 방법이 될 수 있다. 때마침 국내에도 춤명상에 대한 관심이 증대되어 영성수련 프로그램이나 다양한 심리치료 현장, 청소년 캠프와 단식원, 심지어는 다이어트를 위한 방법으로도 춤명상 프로그램의 활용이 증대되고 있다.

춤명상의 이론

춤명상이라고 이름 붙은 명상법에는 수피 회전무, 가브리엘 로스 5리듬 춤명상, 오쇼 나타라지 춤명상, 선무 명상이 있으며, 춤명상으로 분류

할 수 있는 동적 명상Active Meditation에는 구르지예프 신성무, 오쇼 다이나 믹 명상, 오쇼 쿤달리니 명상 등이 있다. 이러한 춤명상이 시작된 역사를 바탕으로 시대별로 구분하면, 중세에서는 수피 회전무, 근대에서는 구르 지예프 신성무, 현대에서는 가브리엘 로스 5리듬 춤명상, 오쇼 나타라지 춤명상, 선무 명상, 오쇼 다이나믹 명상, 오쇼 쿤달리니 명상 등이 있다.

현재 전 세계적으로 여러 가지 춤명상이 존재하고 있지만, 그중에서 도 문헌상으로 정리가 잘 되어 있는 춤명상은 수피 회전무, 구르지예프 신성무, 춤테라피와 밀접한 연관성을 갖고 있는 가브리엘 로스 5리듬 춤 명상이다. 그러므로 여기에서는 위에서 언급한 세 가지 춤명상을 다루 기로 한다.

수피 회전무

1. 역사

수피 수행법에는 많은 종류의 수피댄스가 있다. 그중에서도 유명한 수피 시인인 메블라나 잘라루딘 루미Mevlana Jalaluddin Rumi, 1207~1273가 창시한 수피댄스를 수피 회전무(메블라나 댄스)라고 말하는데 아랍어로는 사마 sama, 터키어로는 세마sema로, 영어로는 휠링 댄스whirling dance 혹은 회전 spinning으로 알려져 있다.

수피 회전무는 주문을 외우는 수피 수행법인 지크르dhikr와 함께 이슬 람교 신비주의인 수피즘sufism의 종교적 수행방법 중 하나다.

수피즘에서는 인간을 본래 신과 하나였지만 신으로부터 멀리 떨어져 있는 존재라고 본다. 신으로부터 멀리 떨어진 인간은 머리로 살며 지성으로 분별하고 지식만을 논하며, 가슴과 사랑과 느낌을 잃어버렸다고 보았다.

이러한 수피들은 자아의식, 즉 머리와 지성과 지식으로 자신의 이름과 성별과 나이, 사회적 지위나 자신의 가치관과 생각을 버리고 신의 의지 속에 완전히 하나가 되어야 한다고 생각하였다.

2. 인간관

가슴으로 신의 사랑을 찾았던 수피들은 일반적인 인간의 상태를 '낮은 상태의 나' '중간 상태의 나' '높은 상태의 나' 이렇게 세 가지로 구분하고 있다.

첫째, '낮은 상태의 나'는 자아 또는 낮은 인간성이라고 불리기도 하는데, 충동과 욕망과 욕구로 이루어져 있다고 본다. 이것은 통제되지 않으면 안 되는 인간의 모습이다.

둘째, '중간 상태의 나'는 높은 이상에 따라 행동하려고 노력하고 이성에 의해 자기 자신과 주변을 비판하는 것으로 때로 자기 자신과 투쟁하기도 한다.

셋째, '높은 상태의 나'는 신이 주는 무엇에나 만족하며 다른 사람에게 봉사할 수 있는 이른바 '참나' 또는 '자기self'와 같은 것이다.

또한 영적 진보에는 4단계가 있으며 그것을 가리켜 샤리아, 타리까, 하끼까, 마리파라고 하였다. 샤리아는 이슬람의 율법을 준수하는 것, 영적 수행이라는 내적 접근로를 걸어 나가는 타리까의 단계, 진리를 깨닫고 체험하는 하끼까의 상태와 영적인 지혜를 얻는 마리파의 단계를 확립해 놓고 있다.

이러한 단계들은 모두가 몸과 마음의 수련을 통해 신 또는 궁극적 실재를 직접적으로 체험하기 위한 일련의 체계라는 점에서 공통적이라 할 수 있다.

구르지예프 신성무

1. 역사

구르지예프는 동양과 서양, 고대와 현대의 비교(秘敎) 전통들을 통합하여 서구에 자신만의 실천적인 수행방법을 확립하였는데, 그것은 비파사나, 캐시미르 샤이비즘Kashmir Shivism, 마하무드라Mahamudra, 낙쉬반다야 Naqshbandiyah, 칼비니즘Calvinism 등에 근거를 두고 통합하여 구르지예프 신성무라는 무브먼트movement를 만들어 내었다.

신성무는 구르지예프가 중앙아시아와 아프리카를 여행하면서 배운 것과 다양한 수피 의식과 불자들의 중심 그리고 전통적인 문화를 통해 경험한 것을 바탕으로 이루어져 있는데, 말 그대로 수천 개의 무브먼트를 수집하여 제자들에게 가르쳤다

2. 인간관

구르지예프는 우리가 태어날 때는 세 가지의 분리된 기계가 우리와 함께 태어나는데 그것은 우리의 몸body, 본질essence, 성격personality이며, 이것은 우리가 죽을 때까지 형태가 지속된다고 보았다. 그러므로 보통 사람의 심리학적 접근에서 바라본 인간관은 크게 세 가지로 나눌 수 있다.

첫째, 우리는 복수의 존재다.

둘째, 우리는 기계 인간이다.

셋째, 인간이 기계임을 멈추고 객관의식을 갖는 주체로서 살아가지 못하게 하는 장애물이 있으며, 그것들 중 하나는 완충장치다.

또한 인간의 의식 성장 과정을 몇 단계로 설정하고 있다.

1단계는 주관적인 자기 패턴을 인식하는 것으로 자기를 인식하는 단계이고, 2단계에서는 객관적인 자기를 드러내는 것으로 인간관계에서의 작업을 해야 하는 단계이며, 3단계에서는 몸과 마음과 정서의 조화로운 발달은 한 인간으로 자아동일시를 멈추고, 성격대로 충동적인 반응을 하지 않으며 현재에 열려 있는 단계다.

가브리엘 로스의 5리듬 춤명상

1. 역사

5리듬 춤명상은 춤과 심리치료, 심령치료와 명상을 결합하여 가브리엘 로스가 1960대에 만들어 낸 춤명상의 하나다.

미국 캘리포니아 빅 서Big Sur에 위치한 에살렌Esalen에서 게슈탈트 심리학의 프리츠 펄스Fritz Perls, 에잘란의 창시자인 딕 프라이스Dick Price와 마이클 머피, 인류학자인 그레고리 베이트슨Gregory Bateson, 생화학자인 아이다 롤프Ida Rolf, 신화학자인 조셉 캠벨Joseph Campbell 등과 같은 인간잠재력연구소의 그룹 리더들과의 연구, 그리고 심리영성 지도인 오스카 이카조Oscar Ichazo, 심령치료사인 바그완 스리 라즈니시Bhagwan Shree Rajneesh와 아메리카 인디언의 샤먼 전통들에 의하여 영향을 받은 가브리엘 로스는 춤을 통한 영적 치유의 자기 경험을 토대로 흐름, 스타카토, 혼돈, 영혼의 노래, 침묵의 춤이라는 다섯 개의 리듬을 만들어 냈다.

2. 인간관

5리듬 춤명상의 인간관은 인본주의 심리학과 형태주의 심리학, 융의 분석심리학에 그 바탕을 두고 있다. 다시 말하면 가브리엘 로스 5리듬 춤명상에서는 근본적으로 인간을 자신의 내면에 스스로 해결 능력을 지닌 존재로 보고 있다는 것이다.

2003년 가브리엘 로스는 필자와의 인터뷰에서 인간의 본성에 관해 다음과 같은 말을 하였다. "인간은 자기 내면에 모든 것을 가지고 있다. 너 자신이 춤이다." 즉, 인간성에 대한 신뢰를 바탕으로 인간의 문제는 자신이 스스로 해결할 수 있다는 생각과 함께 개인의 자율성과 통합성을 중시한다는 것이다.

또한 "우리 인간은 몸body과 마음mind과 정신heart으로 이루어져 있으며, 영혼soul은 개인의 본질이고 존재다."라고 말하면서 우주의 '참나'를 혼spirit이라고 하였다. 그런데 5리듬 춤명상에서 바라보는 일반적인 인간은 표면적인 에고로 살고 있다.

우리의 정신은 행동 양식 속에 갇혀 버리고, 판에 박힌 행동을 되풀이하면서 긴장되어 있고, 우리의 마음 또한 자동적인 일상의 반복으로 경직되어 우리가 정말로 느끼는 것에 무감각해지고 마비된다. 에고로 살아가는 인간은 진정으로 움직일 수도, 숨을 쉴 수도, 탐험할 수도 없다. 또한 어떻게 살아야 하는지, 무엇을 해야 하는지 아는 체하면서, 우리의 창조적인 힘을 약하게 하고, 인간 에너지의 진정한 표현인 춤꾼, 가수, 시인, 배우, 치유자를 파괴하면서 우리가 진정한 자기가 되는 것으로부터 우리를 멀어지게 한다.

5리듬 춤명상에서는 의식이 성장하는 과정으로 인간의 자율성과 통합성에 중점을 두고, 지성보다 정서적인 면을 더욱 강조하고 있다. 왜냐하면 인간의 감정은 지성보다 먼저 행동화하는 경향이 있기 때문이다. 가브리엘 로스는 인간의 의식이 성장하기 위해서는 자기 자신의 여성성과 남성성을 통합하여, 몸과 마음과 정신이 통합된 영적인 존재를 넘어 우주 본래의 에너지인 참나 혹은 셀프와 하나가 되어야 한다고 하였다.

지금까지 언급한 세 가지 춤명상 이론을 정리하면 〈표 3〉과 같다.

〈표 3〉 춤명상의 이론

	수피 회전무	구르지예프 신성무	5리듬 춤명상
역사	13C M. J. 루미	20C G. I. 구르지예프	1960년 가브리엘 로스
본래의 인간	본래 신과 하나였지만, 신과 멀리 떨어진 존재	몸, 본질, 성격으로 분리되어 태어나서 죽을 때까지 지속됨	몸과 마음과 정신으로 이루어진 영혼의 존재
일반적인 인간/의식의 상태	• 낮은 상태의 나 • 중간 상태의 나(화나) • 높은 상태의 나(바까, 리까)	• 복수의 존재 • 기계 인간 • 완충장치를 갖고 있음	• 표면적인 에고로 살아가는 존재
의식의 성장	• 샤리아 • 타리까 • 하끼까 • 마리파	• 주관적인 자기 패턴 인식하기 • 객관적인 자기를 드러내기 • 자아동일시를 멈추고 현재에 열려 있음	• 여성성과 남성성의 통합 • 영적인 존재임을 깨달음 • 참나, 셀프와 하나 됨

춤명상의 원리와 목표

춤명상은 춤을 통해 무의식과의 접촉을 경험하고 본래의 자기 자신과 만나는 일이다. 다른 말로 하면 춤을 통한 만남이라고 할 수 있다.

첫째로는 물질적으로 드러나고 표현된 자신의 몸을 만나고, 두 번째로는 미세한 몸이라 불리는 마음, 즉 정서가 움직임을 통해 드러나면서 자신의 마음을 만나고, 셋째로 그러한 움직임과 터져 나오는 정서를 말 없이 바라보는 자신의 영혼을 만나며, 마지막으로는 절대적인 궁극의 대우주, 즉 본래 자기인 참나를 만나는 것이다.

수피 회전무

1. 기본 원리

수피 회전무의 기본적인 원리는 모든 존재가 회전한다는 것과 인간이 자신과 다른 존재의 경계를 만들고 있다는 것이다. 자세히 살펴보면 다음과 같다.

- 모든 존재는 회전한다. 모든 존재의 원자 내부는 전자, 양성자, 중성자의 회전으로 이루어져 있기 때문에 회전하지 않는 개체나 존재는 없다. 이러한 회전은 자연스러운 것이며 무의식적이다. 과학적인 관점으로 볼 때 우리들을 구성하고 있는 것은 세포 또는 원자다.

- 인간은 다른 존재와 자신을 구분하는 마음과 지성에 사로잡혀 있다. 기본적으로 인간의 의식이나 몸과 마음이 자연스럽고 평화 속

에 있어야 하지만, 인간은 자기도 모르는 사이에 다른 존재와 자신을 구분하고 있다. 이러한 구분이 자신과 외부세계를 분리하게 되고, 경계가 지어지면서 경계 내·외부에 불안과 대립으로 인하여 자연스럽거나 참 평화가 들어 있지 못한 것이다. 따라서 회전하는 수피 수행자들은 다른 존재와 함께하는 회전 속에 의도적이고 의식적으로 참여하는 것이다.

–수피 회전무의 마스터인 굴렌Gulen. M. F은 수피즘의 원리에 대해 다음과 같이 말하고 있다. 신성과 하나 되는 진정한 믿음에 도달하려면 신의 요구에 따르는 삶이어야 하며, 타인의 행복과 웰빙에 우선순위를 두어야 한다. 우리 자신의 욕구가 아니라 신의 뜻에 따라 행동하고, 영적인 사모함과 기쁨 그리고 무아의 경지에서 사랑에 가슴을 열고 존재하며, 우리에게 이 세상이 영원하다는 믿음을 주는 야망과 환상에 대항하여 끊임없이 전력을 다해야 한다.

이러한 수피즘에 나타난 기본적인 원리를 수행하기 위해 수피 회전무 수행자들의 의상과 자세, 동작에는 여러 가지 상징이 존재한다. 수행자는 낙타털로 만든 시케sikke라는 긴 원통형의 모자를 쓰는데 이것은 에고의 비석을 나타내고, 하얀색 조끼와 넓고 흰 테누레tennure라는 겉옷은 에고의 수의를 상징한다. 하얀 겉옷 위에는 퀘베cubbe라는 검은색 망토를 걸치는데 이는 에고의 무덤을 상징한다. 수행자들은 수피 회전무를 행하기 전에 자신의 검은 망토를 벗는데 이는 무덤에서 벗어나 영적인 진리의 세계로 향함을 뜻하며, 그는 진리에서 영적으로 거듭나게 된다. 검은 망토를 벗은 수행자는 양손을 X자로 어깨 위에 올려 아랍어 숫자 '1'의 모양을 나타낸다. 이 숫자 1은 신과의 연합을 말하는 것이다.

2. 목표

수피 회전무에서는 수행을 통하여 모든 것과의 조화, 에고를 소멸하여 진리를 만나는 것, 모든 것을 사랑하는 성숙함과 온전함에 도달하는 것 등의 세 가지 목표를 갖고 있다.

첫째는 일반적인 믿음과는 달리 수피 회전무를 통해 얻어지는 것과 수행자가 지향하는 목표는 의식을 잃는 것도, 엑스터시의 상태에 빠져드는 것도 아니다. 대신, 회전을 하면서 자연의 모든 것들, 가장 작은 세포, 창공의 별들과 조화를 이루려는 것이다. 수피 회전무의 창시자인 메블라나 잘라루딘 루미는 수피 회전무를 수행하면서 존재와 위대한 창조주에게 그를 생각하고 감사를 드리며 기도한다고 말한다. 이렇게 함으로써 코란에 나온 말씀을 확인하는 것이다. "땅이나 하늘에 있는 모든 것은 신을 불러일으킨다."(코란 64:1)

둘째로 수피 회전무는 지성과 사랑의 완전함Kemal에 의한 상승인 인간 존재의 영적 여행을 나타낸다. 진리를 향해 회전하면서 사랑을 통해 에고를 소멸하고 진리를 만나며 온전함에 도달하는 성장을 하게 되는 것이다.

셋째로는 이러한 과정을 통하여 믿음과 계급과 인종에 상관없이 모든 창조물과 피조물을 사랑하고 그들에게 봉사할 수 있는 성숙함과 온전함에 도달한 사람으로서 자신의 영적인 여행에서 돌아오게 되는 것이다.

이와 같이 수피 회전무의 기본 원리와 목표를 정리하면 다음과 같다.

기본 원리	• 모든 존재는 회전한다. • 인간은 다른 존재와 자신을 구분하는 마음과 지성에 사로잡혀 있다. • 신성과 하나 되기 위해서는 신의 요구에 따르는 삶을 살며, 타인의 행복과 웰빙에 우선순위를 둔다.
목 표	• 모든 존재와의 조화 • 에고를 소멸하여 진리를 만나는 것 • 모든 것을 사랑하는 성숙함과 온전함에 도달하는 것

구르지예프 신성무

1. 기본 원리

구르지예프 신성무는 움직임, 정서, 정신이 연결되어 있으며 서로 영향을 준다는 원리와 함께 신체는 감정과 생각을 드러내는 것이며, 무브먼트를 통해 내면의 정렬, 긴장과 이완의 균형을 관찰하고 주의를 유지하면서 바라보는 것으로 세 가지의 기본 원리를 갖고 있다.

첫째, 움직임, 정서와 정신의 세 가지 기능은 연결되어 있으며, 서로 영향을 준다. 움직임, 정서, 정신은 그 어느 것도 다른 것을 바꾸지 않는 한 변하지 않는다.

둘째, 신체는 감정과 생각을 드러낸다. 신체의 태도는 우리의 감정과 생각을 밖으로 드러낸다. 갑작스럽게 걱정이 사라지는 것 같은 정서적 변화는 서 있는 자세나 호흡의 깊이, 눈의 움직임에 즉각적으로 영향을 줄 것이다. 또한 각각의 신체 자세는 특정한 내적 공간과 상응하고, 내적 공간은 각기 특정한 자세와 일치한다.

셋째, 무브먼트를 통해 내면의 정렬, 긴장과 이완의 균형을 관찰하고 주의를 유지하면서 바라보기다. 무브먼트를 통해서 하나 됨 혹은 전체성을 경험하기 위해서는 가장 먼저 우리 내면에서 알맞은 정렬, 긴장과 이완 사이의 적당한 균형을 찾는 것, 그리고 관찰하는 능력과 주의를 유지하는 것이 필요하다. 그러고 나서 자신의 중심에 자리를 잡고 계속해서 바라보는 것이다. 비판이나 분석, 비교 없이 그저 바라보는 것이다.

2. 목표
구르지예프의 신성무에서 추구하는 목표에 대해서 살펴보면 다음과 같다.

첫째, 비습관적인 움직임과 순서를 통해 자신이 가지고 있던 무의식적이고 자동화된 순환을 깨뜨리는 것이다. 이를 통해 한쪽은 외부로, 다른 쪽은 내부로 향하는 눈을 갖게 되는 균형을 찾게 된다. 이 무브먼트를 연습하는 동안 한쪽 눈은 음악에 의한 리듬과 영혼, 선과 정렬의 외적인 형식에 고정하려 하고, 다른 쪽은 보이는 것을 넘어 에너지 움직임, 충동, 내적인 정신과 일어나는 정서, 사고에 영향을 받는 움직임의 원형에 대한 민감함을 유지하려고 한다. 처음에 우리는 주의력 범위가 얼마나 작은지를 깨닫게 된다. 불과 몇 초 만에, 생각의 기계적 기차는 우리를 멀리 데려가 버린다. 이것이 외적으로는 실수라는 형태로 즉각 드러난다. 이것은 대부분 일반 사람들의 일상적인 반영이다. 기쁨과 고통에 의해 조종된다. 하지만 주의력이 향상되면, 더욱 지속적이고 미세해지는데 그것은 연습과 의도에 달려 있다.

둘째, 에고를 넘어 몸과 마음과 정서가 조화롭게 발달한 인간으로 더이상 자아동일시를 하지 않는 것이다. 연습과 의도를 통해 지속적으로 주의력이 향상되면 새로운 비전이 생겨난다. 그것은 서로 다른 조각들이 아니라 전체적으로 진동하며 살아 있는 생명체로서 신체의 새로운 감각인 것이다. 그리고 지금까지 도달할 수 없었던 장소를 통한 여정을 시작하면서, 몸속에 숨겨진 보물 '연꽃의 천국'을 발견하게 된다. 이러한 전체성의 경험은 신체를 통한 의식적인 선물인 은혜의 하강인 것이다.

셋째, 인간의 모든 에너지의 힘을 균형 있게 발달시켜 조화로운 상태를 지니게 하는 데 있다.

이를 정리하면 다음의 표와 같다.

기본 원리	• 움직임, 정서, 정신이 연결되어 있으며, 서로 영향을 준다. • 신체는 감정과 생각을 드러내는 것이다. • 무브먼트를 통해 내면의 정렬, 긴장과 이완의 균형을 관찰하고 주의를 유지하면서 바라보는 것이다.
목 표	• 비습관적인 움직임과 순서를 통해 자신이 가지고 있던 무의식적이고 자동화된 순환을 깨뜨리는 것 • 에고를 넘어 몸과 마음과 정서가 조화롭게 발달한 인간으로 더 이상 자아동일시를 하지 않는 것 • 인간의 모든 에너지의 힘을 균형 있게 발달시켜 조화로운 상태를 지니게 하는 것

5리듬 춤명상

1. 기본 원리

첫째, "모든 만물은 지(地), 화(火), 수(水), 풍(風)의 네 가지 원소로 이루어져 있으며, 가브리엘 로스 5리듬 춤명상은 이 네 가지 원소와 공(空)이라 불리는 에너지를 바탕으로 이루어진다. 불교에서는 지수화풍공을 모든 만물이 생겨나는 다섯 가지 원소라고 하였다. 존슨_{Johnson}은 지수화풍이라는 개념이 수메르에서 힌두, 아메리카 인디언에서 고대 이집트와 그리스, 로마에 이르기까지 고대 문명에서는 신화로 드러나 있다고 주장하고 있다. 인도의 경전인 『바가바드기타』에는 지수화풍에 대해 이렇게 언급하고 있다. "나는 순수한 물의 맛이며, 태양과 달의 광채다. 나는 신성한 말이며 공기 중에 들리는 소리이고, 인간 존재의 용기다. 나는 땅의 달콤한 향내이며 불의 빛남이다. 나는 모든 창조물의 생명이며 영적인 바람의 노력이다."

둘째, 다섯 개의 리듬은 두려움, 분노, 슬픔, 기쁨, 자비의 핵심적인 정서와 연결되어 있다. 각각의 리듬은 자연스럽게 두려움, 분노, 슬픔, 기쁨, 정의의 다섯 가지 핵심 정서들을 불러일으킨다. 여기에서 자비는 정서라고 보기보다는, 표현 가능한 모든 정서의 열린 결과인 열린 마음의 상태다.

셋째, 정서의 변화는 삶의 에너지를 순수하게 변형시킨다.

가슴으로 하는 명상은 모든 표현 방법을 되찾아 준다. 오랜 기간 정리하지 못한 일이나 현재 떠오른 정서들이 창조적인 신체 표현에 의해 변형되어 순수한 삶의 에너지가 되게 한다. 이 작업은 '가슴을 위한 요가'

라고 불려 왔다. 이것은 우리로 하여금 정서적으로 신선하고, 현재에 머물게 하고 마음을 열게 해 준다.

만일 자연스럽게 되도록 놓아둔다면, 각각의 정서는 다섯 개의 리듬 전체를 말하는 웨이브Wave 혹은 에너지 사이클에 따라 움직인다. 예를 들면, 불의 리듬인 스타카토는 확실히 자연스럽게 분노를 느끼게 해 준다. 하지만 분노는 땅의 리듬인 흐름 표현과 함께 시작될 수 있다. 불의 리듬인 스타카토에서 비난, 공격적인 특성으로 형성되고, 물의 리듬인 혼돈에서는 격노의 흥분 상태로, 바람의 리듬인 영혼의 노래에서는 혼란스럽거나 짜증이 섞인 특성으로 변화하여, 분노의 냉혹한 침묵을 담은 침묵의 춤으로 끝을 맺는다.

이 경우에는 분노이지만, 정서는 또한 몸, 생각, 마음, 영혼, 영을 통해서 분노에 대한 새로운 통합과 관계를 도와주는 침묵의 춤과 함께 다섯 개의 리듬을 통해 풀릴 수도 있다. 각 리듬은 진동, 움직임의 질, 마음 또는 의식의 상태, 존재의 상태를 보여 준다.

2. 목표

5리듬 춤명상의 목표는 현재에 '무엇이 있다'와 함께 머무르는 것이다. 무엇이 나타나든지 그것을 허락하고, 그것이 사라져 가는 것을 지켜보는 것이다. 5리듬 춤명상을 통해 얻을 수 있는 가장 큰 결과물은 존재의 무아경에 들어가 그 상태를 유지하는 것이라고 할 수 있다. 그 상태는 빈 마음의 장소이며, 성격도 없고, 영혼과의 영원하고 완전한 결합 상태의 무아지경이다.

그러므로 5리듬 춤명상이 추구하는 목표는 몸과 마음과 정신이 분리되면서 단단한 에고를 형성하게 된 인간으로 하여금 표면적인 자아인 에고를 넘어서 본질적인 자기, 즉 참나 혹은 셀프와 통합 혹은 일치되도록 하는 것이다.

이를 표로 정리하면 다음과 같다.

기본 원리	• 5리듬 춤명상은 네 가지 원소와 공(空)이라 불리는 에너지를 바탕으로 이루어진다. • 다섯 개의 리듬은 두려움, 분노, 슬픔, 기쁨과 자비의 핵심적인 정서와 연결되어 있다. • 정서의 변화는 삶의 에너지를 순수하게 변형시킨다.
목 표	• 표면적인 자아인 에고를 넘어 몸과 마음과 정신을 통합하고 본질적인 자기, 즉 참나 혹은 셀프와의 통합 혹은 일치

김관영(2000). 이슬람 신비주의 사상에 관한 연구. 동서철학연구, 제20호, 281-283, 300-308.

김명숙(2000). 무용요법이 정신분열증 환자의 신체상에 미치는 영향. 한국무용치료학회 논
　　　문집, 162-207.

김병채(1993). 요가수행으로 나타나는 의식의 변형. 부산대학교 대학원 박사학위논문.

김영순(2001). 신체 언어 커뮤니케이션의 기호학. 커뮤니케이션북스.

김옥경(1997). 무용활동이 자아개념 및 신체상에 미치는 영향. 경기대학교 대학원 박사학
　　　위논문.

김옥진, 정승희, 최청자(1983). 무용이론과 춤추기. 행림출판.

김창주(1987). 수피사상의 발전과 영적도정에 관한 연구. 한국외국어대학교 대학원 석사
　　　학위논문.

김창주(1988). 수피사상의 신비체험에 관한 연구. 한국중동학회논총, 9집, 143-161.

다리아 할프린(2006). 동작중심 표현예술치료. 김용량 역. 시그마프레스.

다우베 드라이스마(2006). 기억의 메타포. 정준형 역. 에코리브르.

데이비드 베스트(1995). 움직임과 예술에 있어서 표현. 김말복 역. 현대미학사.

데이비드 코언(2004). 마음의 비밀. 원재길 역. 문학동네.

도날드 위니캇(1973). 놀이와 현실. 이재훈 역. 한국심리치료연구소.

두산세계대백과사전(1996). 두산동아.

루돌프 폰 라반 외(1989). 에포트. 금광.

류분순(2000). 무용/동작치료 관찰과 해석을 위한 KMP 연구. 한국무용치료학회 논문집, 130-159.

류분순(2000). 무용·동작치료학. 학지사.

마가렛 두블러(1994). 창조적 경험으로서의 춤. 성미숙 역. 현대미학사.

모리스, P. S. (1993). 의식과 신체: 사르트르의 인간 개념에 대한 분석적 접근. 박만준 역. 서광사.

문일경(2004). 자아초월 심리학 연구 개관. 서울불교대학원대학교 석사학위논문.

박선영(2005). 춤테라피. 리좀.

박선영(2008). 수피회전무, 구르지예프 신성무, 가브리엘 로스 5 Rhythms 춤명상의 수행구조 분석 연구. 창원대학교 대학원 박사학위논문.

신상미(1993). 동작 분석과 표현. 금광.

신성일, 송명화(2004). 10대들을 위한 호흡과 명상. 눈과마음 스쿨타운.

안나 할프린(2002). 치유예술로서의 춤. 임용자 역. 물병자리.

안의수, 김기진, 이재구(1993). 입문 인체해부학. 21세기교육사.

알마 M. 호킨스(1996). 안으로부터의 움직임. 이숙재 역. 현대미학사.

앤터니 스토(1999). 융. 이종인 역. 시공사.

우스펜스키, P. D. (2005). 위대한 가르침을 찾아서. 오성근 역. 김영사

윤현숙(1995). 예술심리학. 을유문화사.

이강언(2004). 몸으로 마음 고치기. 학지사.

이거룡(1999). 몸 또는 욕망의 사다리. 한길사

이부영(1999). 그림자. 한길사.

이순자(2003). 구르지예프, 베어 및 리소의 에니어그램 비교. 창원대학교 대학원 박사학위논문.

이윤정(2002). 춤의 주체로서의 몸. 국민대학교 대학원 박사학위논문.

이화진(1996). 춤에 나타나는 카타르시스 현상에 관한 연구. 경희대학교 대학원 석사학위
　　　논문.

조안 초도로우(2003). 춤·동작치료와 심층심리학. 임용자 역. 물병자리. 2003.

칼 G. 융(1996). 인간과 상징. 이윤기 역. 열린 책들.

켄 윌버(2005). 무경계. 김철수 역. 무수.

프레스턴 던롭(1994). 움직임 교육의 원리. 김주자 역. 현대미학사.

후지미에코(2002). 댄스 테라피. 정선혜 역. 금광.

Bartal, L. (2001). *Movement Awareness and Creativity*. Dance Books.

Bartenieff, I. (1975). *Dance Therapy*. American Dance Therapy Association.

Bernstein, P. L. (1968). *Theory and Methods in Dance-Movement Therapy*. Kendall/
　　　Hunt Publishing Company.

Chaiklin, H. (1975). *Marian Chace*. American Dance Therapy Association.

Chittick, W. C. (1983). *The Sufi Path of Love*. State University of New York Press,
　　　Albany.

Evans, M. (2000). *Mind Body Spirit*. Hermes House.

Halprin, A. (1995). *Moving Toward Life*. Wesleyan University Press.

Kestenberg, J. (1975). *Children and Parents*. Princeton University Press.

Levy, F. J. (1995). *Dance and Other Expressive Art Therapies*. Routledge.

Liebermeister, S. R. (2009). *The Zen Way of Counseling*. O Books.

Payne. H. (1992). *Dance Movement Therapy*. Routledge.

Schneer, G. (1994). *Movement Improvisation*. Human Kinetics.

Swami, B. V. N. (2002). *Self Realization*. Sri Ramanasramam.

Weiss, J. C. (1984). *Expressive Therapy with Elders and the Disable*. Haworth Press.

인 명

내 용

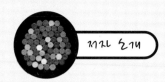

박선영

영국 시티대학교 라반센터 런던. P.D.C.D.S

서울여자대학교 특수치료전문대학원 표현예술치료학과 석사(무용치료 전공)

창원대학교 대학원 교육학 박사(상담심리 전공)

젠 상담, 가족세우기 지도자 과정 수료

현) 한국상담학회 수련감독 전문가

    한국춤테라피학회 수련감독 전문가

번역서: 춤테라피(리좀), 가족세우기(동연미디어)

홈페이지: http://www.whitedance.net

유경숙

세종대학교 대학원 무용과 석사

서울여자대학교 특수치료전문대학원 표현예술치료학과 석사 과정 수료(무용치료 전공)

서울불교대학원대학교 상담심리학과 박사 과정 수료(자아초월 전공)

OSHO Meditation Training

나탈리 로저스 인간중심표현예술치료사

젠 상담, 가족세우기 지도자 과정 수료

현) 한국춤테라피학회 수련감독 전문가

    한국춤테라피명상연구소 소장

    한국상담학회 이사(초월영성상담분과)

    극동대학교 출강

커뮤니티: http://cafe.daum.net/whitedance

춤테라피 이론과 실제

2010년 4월 26일 1판 1쇄 발행
2019년 2월 19일 1판 2쇄 발행

지은이 • 박선영 · 유경숙
펴낸이 • 김 진 환
펴낸곳 • (주) **학 지사**

　　　　　04031 서울특별시 마포구 양화로 15길 20 마인드월드빌딩 5층
대표전화 • 02) 330-5114　　팩스 • 02) 324-2345

등록번호 • 제313-2006-000265호

홈페이지 • http://www.hakjisa.co.kr
페이스북 • https://www.facebook.com/hakjisabook

ISBN 978-89-6330-371-0 93180

정가 19,000원

저자와의 협약으로 인지는 생략합니다.
파본은 구입처에서 교환하여 드립니다.

교육문화출판미디어그룹 **학 지사**

학술논문서비스 **뉴논문** www.newnonmun.com
심리검사연구소 **인싸이트** www.inpsyt.co.kr
원격교육연수원 **카운피아** www.counpia.com
간호보건의학출판 **학지사메디컬** www.hakjisamd.co.kr